Christel Evenari

Biblische Geschichten für Kinder

Ein Erzähl- und Vorlesebuch

Auer Verlag GmbH

Gedruckt auf umweltbewusst gefertigtem, chlorfrei gebleichtem
und alterungsbeständigem Papier.

1. Auflage. 2004

Gesamtherstellung: Ludwig Auer GmbH, Donauwörth
ISBN 3-403-04034-8

Für meine Enkel
Jonathan,
Simon,
Lea
und Jakob

Inhaltsverzeichnis

Vorwort

Liebe Leserin, lieber Leser!

Christen wissen, dass die Bibel die „Quelle des Glaubens" ist. Alles, was uns im Gottesdienst begegnet, alles, was im Glaubensbekenntnis steht, das, was wir im Katechismus wiederfinden und sogar in kirchlichen Verlautbarungen, alles hat seinen Ursprung in der Bibel, der Heiligen Schrift.

In den 20 Jahren, in denen ich selber unterrichtet habe, habe ich oft feststellen dürfen, dass es vielen LehrerInnen, SozialpädagogInnen und ErzieherInnen und auch vielen Eltern und Großeltern ein Anliegen ist, die Kinder mit der Grundlage unseres Glaubens vertraut zu machen und ihnen die Werte zu vermitteln, von denen die Bibel kündet, um ihnen zu helfen, ein glückliches und erfülltes Leben zu führen.

Die Bibel ist ein altes Buch. Die Erzählungen, die wir dort finden, sind in einer Sprache geschrieben, die zum Teil 3000 Jahre zurückreicht. Auch in der weit verbreiteten „Einheitsübersetzung" klingen die meisten Geschichten nicht so, dass man sie Kindern im Vorschul- und Grundschulalter einfach vorlesen könnte. Trotzdem möchten wir die Glaubensaussagen und die Lebensweisheit, die in diesen Erzählungen zu finden sind, den Kindern vermitteln.

In meinen Jahren als Religionslehrerin in der Grundschule, an Haupt- und Realschule sowie in der Sonderschule für Lernbehinderte konnte ich die Erfahrungen sammeln, die ich brauchte, um die Geschichten der Bibel in Worte zu fassen, die Kinder verstehen und lieben und die ihrem Alter angemessen sind: Es tut auch den Kleinen und Ängstlichen wohl, wenn sie erfahren, dass Gott, der die Welt erschaffen hat und erhält, vor allem auf der Seite der Schwachen steht und dass sie zusammen mit IHM stark sein können (vgl. die Geschichten von David oder Gideon); sie lernen, dass Gott wie ein liebevoller Vater ist (vgl. die Geschichte vom verlorenen Sohn) und dass der Himmel so wertvoll ist, dass Menschen alles dafür hergeben (vgl. die Geschichte von dem Mann, der seinen ganzen Reichtum für eine kostbare Perle gibt) – und noch vieles mehr.

Seit einigen Jahren bin ich Großmutter von vier Enkeln, von denen der Älteste gerade in die 2. Klasse geht. Da habe ich meine Geschichten noch einmal umschreiben müssen, da meine Enkel die Geschichten manchmal durch eigene Erzählungen unterbrachen – es ist die Art der Kinder in diesem Alter mitzuteilen: „Oma, es langweilt uns!" Andererseits gibt es keine Altersstufe wie die zwischen 5 und 8 Jahren, in der Kinder so aufnahmefähig, so leicht zu begeistern und so voller Neugierde und hungrig nach Wissen sind. Für diese Altersstufe sind die hier gesammelten Geschichten gedacht. Sie sollen „Einstieg" sein in die Erzählwelt der Bibel – für die VorleserInnen wie für die Kinder ein hoffentlich fröhlicher Einstieg!

Wenn Sie Lust haben, die Geschichten mit „Ihren" Kindern zu spielen, werden Ihre kleinen Zuhörer begeistert mitmachen. Auf diese Weise werden auch mehr Sinne angesprochen, und die Geschichten graben sich ins Langzeitgedächtnis der Kinder.

Die Geschichten in diesem Band sind aufregend und spannend wie Märchen. Wichtige Wahrheiten werden in Gleichnissen dargeboten. Das hat seinen Grund. Lassen Sie mich darum mit einer „Geschichte" über „Wahrheit und Märchen" schließen, die nach dem jüdischen Theologen und Prediger Jakob Kranz (1740 –1804) wie folgt lautet:

> *Die Wahrheit ging durch die Straßen der Stadt.*
> *Sie war nackt. Sie war unbeliebt,*
> *und jeder flüchtete vor ihr.*
> *Jeder hatte Angst vor der Wahrheit.*
> *Sie war traurig und enttäuscht,*
> *weil niemand sie hören wollte.*

Da begegnete sie dem Märchen.
Das trug bunte und farbige und schillernde Gewänder
und war bei jedermann beliebt.

„Warum bist du so traurig?", fragte das Märchen.
„Weil niemand mich mag, weil niemand mich hören will",
antwortete die Wahrheit, „vielleicht bin ich schon zu alt ..."
„Oh nein", sagte das Märchen, „Alter und Weisheit haben nichts damit zu tun, dass die Menschen dich nicht mögen. Ich bin auch alt. Uralt. Je älter ich werde, desto mehr liebt man mich. Ich verrate dir ein Geheimnis über die Menschen: Sie mögen fröhliche, bunte Farben. Das macht sie glücklich. Und weißt du was? Ich werde dir meine Gewänder leihen, und du wirst sehen, in meinen bunten Kleidern werden die Menschen dich mögen."

Die Wahrheit folgte diesem Rat
und schmückte sich mit den farbigen Kleidern des Märchens.
Da endlich wurde sie geliebt,
und die Menschen liefen nicht mehr vor ihr davon.
Sie hörten auf das, was sie ihnen sagen wollte.

Auch von Jesus wird berichtet, dass er die Menschen immer auch dann besonders anzog, wenn er in Gleichnissen zu ihnen sprach.

Viel Freude beim Erzählen wünscht
Christel Evenari!

Praktische Hinweise

A. Biblische Geschichten Kindern erzählt

Auf folgende Punkte sollte geachtet werden, wenn man Kindern im Vorschul- bzw. Grundschulalter biblische Geschichten erzählen oder vorlesen möchte:

● Geschichten müssen einen Anfang und ein Ende haben

Ein Blick auf die Märchen zeigt es uns: Die „Bremer Stadtmusikanten" machen sich nicht nur auf den Weg, sie kommen auch irgendwo an.
„Die Sieben Geißlein" werden nicht nur vom Wolf verschlungen, nein,
die Mutter rettet die Kinder und der Wolf kann ihnen nicht mehr schaden.

Bei den biblischen Geschichten ist es nicht anders: Abraham zieht nicht nur fort, er kommt auch an in dem Land, das Gott ihm verheißen hat.
Josef wird nicht nur in den Brunnen geworfen und als Sklave verkauft, nein, am Ende seiner Geschichte ist er Vizekönig, verzeiht seinen Brüdern und alles wird wieder gut. Mose wird nicht nur als Baby aus dem „Fluss gezogen" und gerettet, am Ende seines langen Weges hat er Gottes Auftrag erfüllt und sein Volk wird in das „Gelobte Land" geführt.

Jesus wird in einem Stall geboren. Er stirbt am Kreuz. Drei Tage später wird er auferweckt und kehrt in den „Himmel" zurück, in das Reich Gottes, seines Vaters.

● Geschichten müssen gut ausgehen

Der „Held" muss sein Ziel erreichen, alle Schwierigkeiten müssen überwunden werden. Erst dann identifizieren sich Kinder mit den handelnden Personen, leiden mit ihnen, lachen und weinen mit ihnen. Die Erzählungen der Bibel gehen gut aus.

• Kinder leben in einer Welt fester Moralvorstellungen: Gutes muss belohnt, Böses bestraft werden

Auch hier sei ein Blick auf die Märchen erlaubt: Weil die Hexe so böse ist, wird sie verbrannt. „Schneewittchens" böse Königin muss in glühenden Schuhen tanzen, bis sie tot umfällt.

Auch in der Bibel wird das Verlangen nach ausgleichender Gerechtigkeit erfüllt: Sodom wird vernichtet; die Ägypter durch „Plagen" bestraft; Goliat wird von dem kleinen David besiegt. Der „Feigenbaum, der keine Früchte hat", wird von Jesus verflucht, und Hananias und Saphira, die ein Opfer bringen wollen, aber hinterlistig sind und die Gemeinde belügen, werden vom Schlag getroffen.

• Die Bibel ist kein Sachbuch, sondern ein Bilderbuch

Jedes Ereignis in den biblischen Geschichten sollten die Kinder vor ihren (inneren) Augen sehen lernen. Und nicht „nur" sehen sollten sie, sondern auch selber spielen, singen und malen. Nur dann ist ein Begreifen mit allen Sinnen möglich, was wiederum die wichtige Voraussetzung dafür ist, dass Bilder ins Langzeitgedächtnis eingehen.

• Biblische Geschichten müssen nicht immer erklärt werden. Sie enthalten die Wahrheit in sich. Kinder verstehen sie

Einen guten Witz muss man nicht erklären. Wenn er doch erklärt werden muss, ist er nicht gut erzählt worden!

Aus den Geschichten der Bibel verstehen die Kinder:

- *Es ist oft schwer an Gott zu glauben, wenn man ihn nicht sehen kann!*
- *Gott liebt die Menschen wie ein Vater!*
- *Gott hat uns den Himmel geschenkt. Das ist ein kostbares Geschenk!*
- *Jesus sieht – wie Gott – nicht auf das Äußere eines Menschen, sondern schaut das Herz an!*

- *Gott ist mit den Schwachen!*
- *Gott ist stärker als schwer bewaffnete Soldaten, stärker als hungrige Löwen!*

● Unsere Sprache muss einfach sein

Jesus selbst kann uns Vorbild sein, wenn wir Kindern biblische Geschichte erzählen. Von ihm heißt es, dass er die Menschen „mitten ins Herz" traf.

Jesus sprach nicht in abstrakten Begriffen, nicht wie ein Schriftgelehrter oder Theologe. Er sprach in Bildern, die den Menschen vertraut waren: von verlorenen Söhnen und barmherzigen Vätern zum Beispiel oder der Natur, von Blumen und von den Vögeln am Himmel, vom Acker und vom Weizenkorn und von dem winzigen Senfkorn, das sich so stark verändert, sobald es in die Erde fällt ...

● Dialoge machen jeden Text lebendig

Dialoge vertiefen ein Geschehen, machen eine Geschichte für die Kinder leichter durchschaubar und einsichtig. Eines ist dabei jedoch zu beachten: das, was zwischen den Menschen geschieht, dürfen wir zum besseren Verständnis ruhig in lebendige Dialoge packen. Vorsichtig sein müssen wir dagegen mit der „Sprache" Gottes und Jesu Worten, die sollten stets ganz nah am Bibeltext erzählt werden.

B. Hinweise zu den Sprechmotetten

Bei den Sprechmotetten handelt es sich immer um eine „zusammengefasste Geschichte" oder ein „festliches Ereignis", das gefeiert werden soll.

Um allen Kindern die Möglichkeit zu geben, sich zu beteiligen (im Kinder- oder Familiengottesdienst darf sich die Beteiligung auch auf die Erwachsenen erstrecken!), wird in einer Sprechmotette die Botschaft einer Geschichte oder eines Ereignisses in kurzen Sätzen zusammengefasst. Diese Sätze müssen auch von Kindern leicht im Chor/in der Gruppe zu sprechen sein. Wenn möglich, sollte auch der Rhythmus stimmen.

Bei einer Sprechmotette kann es sich bei dem „Gruppen-Part" um einen einzigen Satz (vgl. Die Erschaffung der Welt), um zwei (vgl. David) oder um drei Sätze (vgl. Jakob muss fliehen) handeln. Die Anzahl der Sätze entspricht der Anzahl von Gruppen, die gebildet werden können, um die Einzelaussagen zu sprechen; bei nur einem Satz sprechen stets alle gemeinsam.

Die Sätze müssen kurz „einstudiert" und einige Male „geübt" werden, sodass die Kinder in der Lage sind, auf ein ausgemachtes Zeichen hin ihren Satz im Chor zu sagen. Das Üben nimmt erfahrungsgemäß fünf Minuten in Anspruch.

Die in der Sprechmotette geübte Wiederholung eines wichtigen Satzes (oder mehrerer Sätze) vertieft die „Botschaft" und sorgt dafür, dass sie auch im Langzeitgedächtnis haften bleibt. Ein sinnvoller Nebeneffekt ist die große Aufmerksamkeit, mit der zugehört wird, da ja jeder aufpassen muss, wann er an der Reihe ist!

Wenn Sie selber eine Sprechmotette erstellen möchten, versuchen Sie zunächst, das Wichtigste einer Geschichte herauszukristallisieren und die Sätze für den Gruppen-Part entsprechend zu formulieren. Erst dann verfassen Sie auch den Text für die VorleserIn und ordnen die zentralen Satzaussagen den „passenden Stellen" zu.

Diese kurzen Anmerkungen, Hinweise und Tipps sollten sich nicht nur auf die hier vorliegenden Geschichten beziehen. Sie sollen Mut machen und hilfreich sein, selbst biblische Geschichten zu erzählen. Es ist eine wunderbare Erfahrung zu erleben, wie schon ganz jungen Zuhörern die „Frohe Botschaft" der Bibel mitten ins Herz geht…

I.

Es ist schwer
an Gott zu glauben,
wenn man Ihn
nicht sehen kann

Können Tonfiguren Gott sein?

In Bayern gibt es eine Stadt, die hat einen ganz kurzen Namen.
Sie heißt „Oy".

Und vor ein paar tausend Jahren hat's in einem anderen Land
eine Stadt gegeben, die hatte genauso einen kurzen Namen.
Sie hieß Ur.

Den Kindern in den Städten hat der kurze Name gefallen.
Er war so leicht zu merken.
„Seppi, wo wohnst du?"
„In Oy!"
„Wo liegt das?"
„In Bayern."
„Abraham, wo wohnst du?"
„In Ur!"
„Wo liegt das?"
„In Chaldäa."

Wie überall auf der Welt sind Kinder unterschiedlich.
Die einen raufen gerne und sind tapfere und mutige Kämpfer.
Die anderen sind still und spielen gern ruhigere Spiele.
Die einen fetzen gern draußen herum,
andere helfen dem Vater oder der Mutter zu Hause, aber eins tun sie alle:
Wenn sie alleine sind oder abends im Bett liegen, denken sie nach
und überlegen sich Sachen, von denen die Erwachsenen gar keine
Ahnung haben.

So ein hilfsbereites, friedliches Kind, das viel nachgedacht hat,
ist der kleine Abraham aus Ur gewesen.

Wenn der Vater gesagt hat: „Hilfst du mir mal, Abraham?",
dann ist der Junge sofort gekommen.

„Klar helf ich dir, Papa!"
Eingekauft hat er auch manchmal. Ganz alleine.
Und Sachen zum Markt gebracht. Das hat er schon gekonnt.
Und dabei ist eines Tages etwas Merkwürdiges passiert.
Der Vater des kleinen Abraham hat Tonfiguren hergestellt.
Das hat er gut gekonnt.
Kleine Figuren hat er hergestellt und manchmal auch größere.
Das sollten **Götter** sein.
Damals haben sie noch nicht gewusst, dass es nur einen Gott gibt.
Sie haben gedacht: „Es gibt so viele Sachen auf der Welt,
Sonne und Mond und Regen und Blumen und Korn auf den Feldern,
große und kleine Tiere,
Kamele zum Beispiel oder puschelige Hasen,
Fische und Frösche im Teich ...
da muss es auch **viele Götter** geben!
Einen Gott für die Sonne, einen für den Mond,
einen für die Frösche, einen für den Regen und so weiter und so weiter.
Sogar für die Liebe haben sie eine Figur gehabt.
Die hat wie ein hübsches junges Mädchen ausgesehen.
Und alle diese Figuren konnte Terach,
der Vater des kleinen Abraham,
in seiner Werkstatt aus einem Tonklumpen herstellen.
Und auf den Markt tragen.
Und verkaufen.
Die Leute haben die Figuren gekauft und in ihre Wohnungen gestellt,
und dann haben sie gedacht, sie hätten nicht nur einen Gott,
sondern viele Götter im Haus,
und sie haben Blumen aufgestellt und die Figuren angebetet.

„Jetzt sind wir gut dran", haben die Leute gedacht,
„so viele Götter im Haus, die uns beschützen,
da kann's uns ja nie schlecht gehen."

(Dass es nur einen einzigen Gott gibt, der uns beschützt und der den Himmel und die Erde und das ganze Universum erschaffen hat, das haben sie noch nicht gewusst damals. Vor allem haben sie nicht gewusst, dass man den wirklichen Gott nicht sehen kann, weil er unsichtbar bei uns ist.)

Terach, der Vater von Abraha m, ist fleißig gewesen.
Jeden Tag ist er zum Markt gegangen.
Der Weg ist lang gewesen. Er hat durch die ganze Stadt geführt,
durch viele Straßen und sogar über einen großen Fluss.
Eines Tages hat der Vater gesagt: „Abraham, könntest du mir einen Rucksack voller Figuren auf den Markt bringen? Ich kann alleine nicht alles tragen. Und die Leute kaufen so viel."
„Mach ich, Papa!", hat der Kleine gesagt. „Ich helf dir. Ich bin schon ziemlich stark. Fühl mal meine Muskeln.
Pack mir nur den Rucksack voll. Ich bringe ihn dann auf den Markt."
„Oh, vielen Dank, Junge. Vielen Dank! Ich geh schon mal.
Du kannst ja nachkommen."
„In Ordnung, Papa! Also bis später!"

Bald darauf hat man den kleinen Abraham sehen können, wie er mit dem vollen schweren Rucksack durch die Stadt gelaufen ist.
Erst schnell, dann immer langsamer.
Der Rucksack ist ganz schön schwer gewesen.
Heiß war es auch.
Die Sonne hat nur so vom Himmel gebrannt.
Dem kleinen Abraham haben die Schultern wehgetan,
und der Rücken hat auch wehgetan.

„Blöde Götter!", hat er gedacht.
„Regen und Sonne können sie machen,
aber selber laufen können sie nicht.
Da muss ein kleiner Junge sie schleppen.
Ich ärgere mich!"
Und während er mühsam die Figuren durch die Straßen geschleppt hat,
hat er sich immer mehr geärgert.
„Saublöde Figuren!!! Das sollen Götter sein???"
Es ist ihm komisch vorgekommen, und er hat es gar nicht richtig geglaubt.
Je mehr er nachgedacht hat, desto weniger hat er es geglaubt.
„Götter – pah – sind nur aus Ton,
ich habe ja selber gesehen, wie mein Vater sie gemacht hat.
Die können doch nie im Leben Regen machen oder die Sonne
scheinen lassen oder Kinder beschützen.
Ich glaube es einfach nicht ...

... Ja, aber, wenn es vielleicht doch Götter sind?."
Der Abraham ist ein schlaues Kerlchen gewesen.
„Ach", hat er sich gedacht, „ich mach einfach mal einen Test! Genau!!!
Dann wird es sich schon herausstellen, ob ich Recht habe."

Er hat sich den Schweiß von der Stirn gewischt.
Und den Rucksack hingestellt.
Inzwischen war er schon auf der Brücke angekommen, die über den
großen Fluss geführt hat.
Er hat eine Figur in die Hand genommen.
„Pass auf, ich mache einen Test mit dir", hat er zu der Figur gesagt.
„Ich werfe dich ins Wasser.
Wenn du wirklich ein Gott bist, dann kannst du ja wieder herauskommen.
Ein Junge wie ich könnte ans Ufer schwimmen und wieder an Land
kommen. Und wenn ich was kann, dann musst du das doch erst recht können ...

Also, jetzt zeig, was du kannst!!!"
Schwupps, im hohen Bogen ist eine Figur durch die Luft geflogen
und mit einem lauten Platsch ins Wasser gefallen.
Abraham hat übers Geländer geschaut.
„He, komm raus, zeig, dass du nicht nur eine blöde Tonfigur bist,
sondern ein Gott!" Nichts. Keine Antwort.
Wie ein Stein ist die Figur im Fluss versunken.
Nichts ist mehr zu sehen gewesen.
„He, mach keinen Scheiß, komm zurück!", hat der Junge geschrien.
Aber es hat sich nichts gerührt.
„Hab ich mir doch gleich gedacht!", hat er gerufen,
„du bist überhaupt kein Gott!
Du kannst ja nicht mal richtig schwimmen!!!"
Der kleine Abraham ist echt wütend gewesen.
„So ein Betrug!", hat er sich gedacht.
Und dann hat er seinen Rucksack genommen,
ihn aufs Brückengeländer gehoben und den Inhalt ausgeschüttet.
Mit einem großen Platsch sind alle Figuren in den Fluss gefallen.
„Los, jetzt rührt euch!!!", hat Abraham von der Brücke gerufen.
„Wenn ihr wirklich Götter seid, dann könnt ihr auch zurückkommen!"
Der Junge hat geschaut und gewartet.
Eine Minute, zwei Minuten, drei Minuten.
Nichts ist passiert.
Alle sind sie im Fluss untergegangen.
Auch nicht die kleinste Figur ist an Land geschwommen.
Konnte sie ja auch gar nicht.
„Ihr blöden Figuren", hat Abraham ihnen nachgerufen.
„Ich glaube kein Wort mehr.
Ich glaube überhaupt nicht, dass ihr mächtig seid.
Etwas, was ein Mensch mit seinen Händen gemacht hat,
das kann gar nicht Gott sein!!! Niemals!!!

He, hört ihr mich überhaupt noch???"
Er hat gerufen, so laut er konnte.

Aber es ist ganz still gewesen.
Niemand hat ihm geantwortet.
Nur der Fluss hat gerauscht.

Da hat der Junge sich nachdenklich hingesetzt.
„Ich hab's mir schon immer gedacht.
Figuren, die von Menschen gemacht worden sind,
die können doch gar nicht Gott sein."
Später hat er dem Vater alles erzählt.
Alles. Was er gedacht hat und was er getan hat und wie es ausgegangen ist.
Der Vater hat nicht geschimpft,
er hat seinen Jungen nur ganz nachdenklich angeschaut.
„Vielleicht hat das Kind Recht? ...
Manchmal verstehen Kinder mehr als Erwachsene?!"

Als Abraham erwachsen war, da hat Gott mit ihm gesprochen.
Der eine, einzige, wahre Gott.
Der, den wir nicht sehen können, und der doch da ist.
Mit Abraham hat er gesprochen, und der hat an Ihn geglaubt.
So ist aus dem Jungen, der die Figuren ins Wasser geworfen hat,
der allererste Mensch geworden, der nicht an viele Götter, sondern an den einen Gott geglaubt hat, an den, an den auch wir glauben.

Nach einer Geschichte aus dem Midrasch.

Mose will Gott sehen

Manche Kinder sagen:

„Gott ist unsichtbar? Und trotzdem ist er da?
Das kann ich mir überhaupt nicht vorstellen!"

Wieder andere Kinder sagen:
„Ist doch klar, dass es Gott nicht gibt.
Warum???
Weil ich Ihn noch nie gesehen habe!!!"

Auch Erwachsene gibt es, die sagen:
„Mir ist Gott noch nicht begegnet.
Ich glaub nicht an Ihn.
Wenn ich Ihn mal sehen würde, nur einmal,
dann würde ich eher glauben können ..."

Mose, der fromme Mann aus der Bibel,
der hat sich manchmal genauso gefühlt.
Genauso wie diese Kinder oder die Erwachsenen, die nicht glauben können, weil sie Gott noch nie gesehen haben und auch keinen kennen, der Ihn nur ein einziges Mal gesehen hätte.

Genauso hat Mose sich manchmal gefühlt.
Und dabei ist er doch ein ganz frommer Mann gewesen,
Ein Freund Gottes. Er hat Gott reden hören.
Zum ersten Mal draußen in der Wüste, als er die Schafe hütete.
Beim Dornbusch, der nicht verbrannt ist.
Und Gott hat mit ihm gesprochen, und Mose hat geantwortet,
und dann hat er schließlich getan, was dieser unsichtbare Gott von ihm wollte.

Aber trotzdem, genau wie wir, hat er oft gedacht:
„Wenn ich Gott doch mal sehen könnte!
So, wie Er ist, vielleicht ganz strahlend, in Seiner ganzen Herrlichkeit."
Eines Tages war Mose wieder allein.
Auf dem Berg Sinai.
Um ihn herum ist es ganz still gewesen.
Da hat er wieder mit Gott, seinem Freund, geredet.
„Gott, Du hast versprochen, dass Du immer bei uns bist.
Du hast mir versprochen, dass Du immer bei mir bist.
Stimmt doch, oder?!?"
„Ja, Mose, das stimmt.
Ich bin immer bei dir!!!"
Darüber hat Mose sich gefreut.

Aber wieder ist ihm eingefallen: „Ich möchte Gott so gern mal sehen!..."

Dann hat er sich ein Herz gefasst und zu Gott gesagt:
„Ich weiß, dass Du den Himmel und die Erde geschaffen hast, Herr,
aber ich möchte Dich so gerne mal sehen.
Wenigstens einmal, nur einen Augenblick.
Ich möchte Dich sehen, wie Du wirklich bist, voller Herrlichkeit,
schön und strahlend."

„Mose", hat Gott gesagt, „das geht leider nicht.
Erst wenn jemand stirbt, wird er mich sehen.
Und sterben willst du sicher noch nicht!"
„Nein", hat Mose gesagt, „sterben will ich wirklich noch nicht.
Dann wären meine Buben traurig, und meine Frau auch."

Wieder ist eine Zeit vergangen.
Mose ist manchmal eine richtige „Nervensäge" gewesen.

Wieder hat er Gott angesprochen.
„Kann ich denn nicht ein kleines bisschen von Dir sehen?
Einfach nur so, damit ich sicher weiß, dass es Dich wirklich gibt?
Es ist oft schwer, an Dich zu glauben, wenn man Dich nie sehen kann."

„Gut", hat Gott gesagt,
denn Er hat den Mose gern gehabt,
und Er hat ihn auch verstanden.
„Aber mein Gesicht kannst du nicht anschauen.
Du würdest dann nicht am Leben bleiben.
Ich denke mir etwas anderes aus."

Mose ist ganz aufgeregt gewesen.
„Was passiert jetzt wohl???"

„Siehst du die Felsspalte da drüben?", hat Gott zu ihm gesagt.
Mose hat geschaut und gesagt: „Ja, ich sehe sie."
„Stell dich da hinein."
„Jetzt sofort?"
„Ja."
Da ist Mose schnell hingelaufen und hat sich hineingestellt.

„Ich stehe in der Felsspalte!", hat er gerufen.
„Und was soll ich jetzt tun???"
„Bleib da stehen", hat Gott gesagt.
„Ich werde nun meine Hand über dich halten,
sodass du gar nichts mehr sehen kannst.
Und dann werde ich vorübergehen, ganz nahe bei dir vorbei ...
Und erst, wenn ich vorübergegangen bin, nehme ich die Hand wieder fort.
Du kannst dann noch ein wenig von hinten sehen. Ein paar Strahlen
und Licht. Aber du weißt dann, dass Ich es war."

Mose hat mit klopfendem Herzen in der Felsspalte gestanden.

Auf einmal ist es um ihn herum ganz dunkel gewesen.
Wie Nebel.
Nichts hat er mehr gesehen.
Aber nur ganz kurz.
Dann war der Nebel vorbei und Mose hat geschaut,
ob er noch etwas sehen kann.
Und er hat wirklich etwas gesehen.
Helle Strahlen, ganz leuchtend,
so, wie wenn die Sonne hinter einer kleinen Wolke versteckt ist.
Da hat er es gewusst: „Ja, Gott ist an mir vorbeigegangen.
Natürlich glaube ich an Ihn."

Dieses strahlende Licht Gottes, von dem er nur ein wenig gesehen hatte,
ist anscheinend so stark gewesen, dass Moses Gesicht noch gestrahlt hat,
als er vom Berg heruntergestiegen ist und zu seinen Leuten zurückkam.
Sein Bruder Aaron hat es als Erster bemerkt.
Sie haben nicht gewusst, was sie denken sollten.
Sie haben sich gefürchtet und sind vor Schreck davongerannt.
„Was ist los??? Warum habt ihr Angst vor mir?
Kommt her!"
Da sind sie wieder zu ihm hingegangen.
„Du strahlst so!"
Da hat Mose ihnen alles erzählt.

Menschen, die heutzutage an Gott glauben, an den, den man nicht sehen kann und der doch da ist, auch diese Menschen fühlen sich manchmal, als sei es ganz dunkel um sie herum.
Sie können nichts mehr erkennen.
Sie fühlen sich wie im Nebel.

Und trotzdem passiert es manchmal,
dass sie hinterher wissen:
„Gott ist vorübergegangen.
Er ist mir ganz nahe gewesen."

So nahe, wie er bei jedem von uns ist.
Auch wenn wir Ihn nicht sehen können.
Jeden Tag und jede Nacht.
Immer und überall.
Im Kindergarten, in der Schule und zu Hause und auch in den Ferien.

Jesus und der „ungläubige" Thomas

Kurz nachdem Jesus am Kreuz gestorben war,
ist es in den Straßen von Jerusalem unheimlich gewesen.
Überall sind römische, schwer bewaffnete Soldaten aufmarschiert.
Überall haben sie Leute gesucht.
Unschuldige, die nichts getan hatten.
„Gebt es zu, ihr habt Jesus auch gekannt!", haben sie gebrüllt
und die Schwerter gezogen.
„Kommt raus aus euren Verstecken!!!
Wir finden euch schon!"
Da haben die Leute große Angst gehabt und sich in ihren Häusern versteckt.
Und wenn jemand an die Tür geklopft hat, haben sie getan,
als wäre niemand zu Hause.
„Seid ganz ganz still!", haben sie zu den Kindern gesagt,
„verratet uns bloß nicht!"
Und die Kinder sind mucksmäuschenstill gewesen.

Auch die Freunde von Jesus hatten sich versteckt.
Sie hatten die größte Angst.
Sie waren ja die besten Freunde von Jesus gewesen.
Jedes Mal, wenn sie die Schritte der Soldaten
draußen gehört haben, dann haben sie vor Angst gezittert.
„Wenn die uns erwischen", haben sie zueinander gesagt,
„wenn die uns erwischen, dann sind wir erledigt."
„Die bringen uns alle um", hat einer gesagt.
Und ein anderer: „Genau wie sie Jesus umgebracht haben."
„Wir dürfen uns nicht verraten!"
„Und vor allem niemand reinlassen."

Still und traurig sind sie beieinander gesessen.
Sie haben Jesus nicht vergessen können.
Und wie man ihn umgebracht hat.

(Das ist immer so. Wenn etwas Schlimmes passiert,
dann muss man anschließend immer daran denken.)

Eines Morgens hat einer gesagt:
„Einer von uns muss einkaufen gehen."
„Um Himmels willen! Nein! ... Ich geh da nicht raus! ... Das ist gefährlich!"
„Aber wir brauchen Brot und Butter und Käse und etwas zum Trinken!
Es ist nichts mehr da." Jeder hat gedacht: „Ich geh nicht!"
Da ist plötzlich Thomas aufgestanden.
„Ich werde gehen."
„Hast du denn keine Angst?"
„Doch, aber einer muss ja gehen.
Wir wollen ja nicht verhungern."
Thomas ist immer so vernünftig gewesen.
Er hat gewusst, es geht nicht anders, und so hat er das Geld genommen und einen Korb und hat aus der Tür geschaut. „Kein Soldat in der Nähe??? Nein!
Ich geh jetzt. Schließt wieder hinter mir ab."
Das haben sie getan. Und dann sind sie wieder still gewesen.
Und haben an Jesus gedacht. Bis das Unglaubliche passiert ist.
Im Zimmer ist es auf einmal ganz, ganz hell gewesen!
Unglaublich hell.
Und da, wo es am hellsten war, hat jemand gestanden.
„Hilfe!!!", haben sie geschrien, „was ist das?"
„Hilfe!!! Ein Gespenst!!! Ein Geist!!!"
Aber der, der da stand, war Jesus.
Er hat seine Freunde angelächelt.
„Habt doch keine Angst!", hat er gesagt, „ich bin es wirklich!"

Alle haben zu ihm hingeschaut und nicht gewusst, was sie sagen sollten.
„Bist du ... bist du ... bist du wirklich Jesus?"
„Ja."
„Bist du nicht tot?"
„Nein."
„Wieso nicht?"
„Ich war tot, aber jetzt bin ich wieder lebendig.
Gott, mein Vater, hat mich auferweckt.
Ich lebe wieder, aber anders als vorher."
„Hm, kannst du durch Türen kommen, auch wenn sie zu sind?"
„Ja."
„Bist du wirklich kein Geist?"
„Nein, ihr könnt mich anfassen."

Da sind sie alle zu ihm hingelaufen.
Ganz froh und glücklich.
„Gott sei Dank, dass du lebst! Wir sind so traurig gewesen ..."
Sie haben ihm die Hand gegeben und durcheinander geredet
vor lauter Freude und Überraschung.
Aber dann hat Jesus sich verabschiedet,
hat sie alle gesegnet, sie angeschaut und gelächelt, und ...
so schnell wie er gekommen war, ist er auch wieder verschwunden.

„Das glaubt uns kein Mensch!", haben die Freunde gesagt.
„Jesus ist lebendig! Jesus ist wirklich lebendig!!!"
„Ach, sind wir froh!!!"
Auf einmal hat einer gerufen:
„Oh je, der Thomas!"
„Was ist mit Thomas?"
„Der ist doch weg! Der ist doch einkaufen gegangen.
Der hat Jesus jetzt gar nicht gesehen."

„Stimmt! ... Ach, ist nicht so schlimm, wir erzählen es ihm später.
Der wird sich genauso wie wir freuen, dass Jesus lebt!"
„Genau!"

Bald darauf ist Thomas zurückgekommen und hat Essen mitgebracht.
Er hat sofort bemerkt, dass die Stimmung verändert gewesen ist.
„Was ist los? Ist etwas passiert? ..." „Wie kommst du darauf?!?"
„Ihr schaut alle so merkwürdig, ihr seht irgendwie fröhlich aus!
Ist etwas passiert, während ich eingekauft habe?"
„Oh ja!", haben sie gesagt, „es ist etwas passiert.
Und es stimmt auch. Wir sind fröhlich!"
„Es war nämlich jemand hier. Wer, das rätst du nie!!!
Seit er hier war, sind wir nicht mehr traurig."
„Das gibt es doch nicht!"
„Gibt es doch!"
„Und wieso?"
„Ganz einfach: Jesus war hier!"
„Wer war hier?"
„Jesus!"
„Jesus?"
„Ja."
„Hört auf, mich auf den Arm zu nehmen! Jesus ist tot."
„Wir nehmen dich nicht auf den Arm! Jesus lebt! Er war hier, hier bei uns.
Mitten im Zimmer. Er hat geleuchtet wie die Sonne!"
„Hört auf, so dumm daherzureden!
Ich will nichts mehr davon hören! ...
... Jemand, der tot ist, hat hier im Zimmer gestanden! So was!"

„Die spinnen doch alle. Der Kummer bringt sie ganz durcheinander."
Das hat Thomas nur gedacht.
Gesagt hat er: „Ich würde erst dann glauben, dass Jesus lebt, wenn

ich ihn mit meinen eigenen Augen gesehen hätte ...
Aber das würde mir auch noch nicht reichen.
Ich, ich würde erst dann glauben, dass es wirklich Jesus ist,
wenn ich mit meinen eigenen Fingern seine Wunden an den Händen
berührt hätte, und wenn ich meine Hand dahin legen könnte, wo die
Soldaten ihn mit der Lanze gestochen haben.
Vorher glaube ich gar nichts.
Ich bin ein normaler, vernünftiger Mensch.
Ich glaube keine Sachen, die nicht wirklich da sind.
Ich glaube nur, was ich sehen und anfassen kann.
Aus! Basta!"
„Mann, bist du ungläubig!", haben die anderen gesagt.
„Ist mir egal, was ihr von mir denkt.
Man glaubt doch nicht einfach alles!"
„Auch nicht, wenn **wir** es dir erzählen?"
„Nein, auch nicht, wenn ihr es mir erzählt.
Vielleicht habt ihr nur so stark an Jesus gedacht, dass es euch so vorkam,
als wäre er bei euch.
In Wirklichkeit kann er gar nicht hier gewesen sein, weil er nämlich tot ist.
Und wenn man tot ist, dann ist man tot.
Und jetzt habe ich Hunger!"
Sie haben Thomas nicht überzeugen können.

Ein paar Tage sind vergangen.
Immer waren die Freunde beieinander.
Immer noch waren sie eingeschlossen.
Draußen waren ja auch immer noch die Soldaten. – Da ist es wieder passiert:
Das, dass es auf einmal so hell wurde im Zimmer
und die Freunde vor Schreck die Hände vor die Augen gehalten haben.
Aber sie hatten das ja schon einmal erlebt.
Sie haben sich schon ausgekannt.

Sie haben sofort dahin geschaut, wo Jesus stand und sie anlachte.
So strahlend hat er ausgesehen, und so lebendig.
Jesus hat in die Ecke geschaut, wo Thomas auf seinem Stuhl saß.
Ganz blass ist der Thomas gewesen vor Schrecken.
Regungslos ist er auf seinem Stuhl gesessen.
Er hat nicht glauben können, was er sah:
Da stand ja wirklich und wahrhaftig Jesus!!!
Dann hatten die anderen ihm doch die Wahrheit gesagt!!!
„Und ich hab das nicht geglaubt!"
Es ist ihm peinlich gewesen.
Jesus aber hat mit freundlicher, liebevoller Stimme zu ihm gesprochen:
„Thomas ..."
„Ja, ... Herr?"
„Thomas, komm doch mal her zu mir."
„Ja, ich komme schon."
Etwas schüchtern ist Thomas dahingegangen, wo Jesus stand.
„Thomas", hat Jesus gesagt, „gib mir mal deine Hände.
Leg sie in meine Hände."
Jesus hat die Hände ausgestreckt, mit den Handflächen nach oben,
und Thomas konnte noch einen rosa Schatten sehen, da, wo die Wunden
gewesen waren, wo die Soldaten die Nägel hineingeschlagen hatten.
Jetzt hat er gewusst, dass es wirklich und wahrhaftig Jesus war.
Er hat seine Hände in die Hände von Jesus gelegt.
Ganz aufgeregt ist er gewesen.
Aber glücklich war er auch, weil es wirklich Jesus war,
und weil Jesus wirklich gelebt hat.
„Thomas", hat Jesus noch einmal gesagt, „und jetzt nimm deine Hand
und lege sie in meine Seite!"
Thomas hat sich geschämt. Vorsichtig hat er seine Hand dahin gelegt,
wo die Soldaten Jesus mit der Lanze verwundet hatten.
Und dann hat er nicht mehr gewusst, was er machen sollte.

Er hat sich hingekniet vor Jesus und etwas sagen wollen, etwas ganz Schönes, aber es ist ihm nichts eingefallen.
„Mein Herr und mein Gott!", hat er nur gesagt,
und den Kopf gesenkt.
– Vielleicht hat er sogar Tränen in den Augen gehabt. –
„Ach komm, steh auf, Thomas", hat Jesus gesagt und seinen Freund liebevoll aufgehoben.
„Jetzt glaubst du, dass ich lebe, nicht wahr?"
„Ja."
„Du glaubst jetzt, weil du mich gesehen hast, Thomas.
Du glaubst jetzt, weil du mich angefasst hast.
Aber ... **am liebsten habe ich die,**
die mich nicht sehen, und trotzdem an mich glauben!"

(Und damit hat er auch dich und mich gemeint.
Denn wir, wir haben Jesus noch nicht gesehen, und wir glauben doch an ihn.
Und seine Freunde sind wir auch.
Oder etwa nicht?)

Jesus hat dann den Thomas noch fest in den Arm genommen,
denn er war ja immer noch einer von seinen allerbesten Freunden.
Und alle anderen hat er auch gesegnet.
Und gesagt hat er:
„Macht euch keine Sorgen, wenn ich nicht mehr bei euch bin.
Ihr seht mich zwar nicht mehr,
aber ihr wisst ja jetzt, dass ich auferstanden bin und lebe.
Unsichtbar bin ich immer bei euch.
Bei euch und bei allen meinen Freunden.
Morgens, mittags, abends und auch in der Nacht.
Einfach immer.
Solange es Menschen auf der Erde gibt."

II.

Wie Gott zu den Menschen ist

Joel verirrt sich in der Wüste

Ist es schön, alleine zu sein?
Nein!!!
Kein Mensch auf der Welt findet das schön.
Und kein Kind auf der Welt findet das schön.

Es ist gut, eine Mutter zu haben und einen Vater.
Und Geschwister.
Und Freunde, die zu einem halten.

Zusammen ist einfach alles viel schöner.
Man hat keine Angst.
Es ist nicht so gefährlich.
Es ist überhaupt lustiger.

In unserer Geschichte hören wir von einem Jungen aus Israel, der Joel hieß.
Vor über 2000 Jahren hat er in Israel gelebt.
Auch Joel hat eine Familie gehabt.
Und Freunde.
Und Tiere, Ziegen und Schafe und Esel und Kamele.
Joel hat in der Wüste gewohnt.
Da sind besonders Kamele gut.
Sie sind zäh, können gut laufen, können 20 Eimer Wasser auf einmal
leer trinken, als hätten sie einen Riesen-Wassertank im Bauch,
und dann können sie zwei Wochen ohne Wasser auskommen.
Das ist für Tiere in der Wüste sehr praktisch.

Der kleine Joel hat ein eigenes junges Kamel gehabt, das war weiß. Joel hat es
gefüttert, hat es seiner Mutter gebracht, damit es Milch trinken kann,
und er hat es gestreichelt und ist oft mit ihm um die Wette gerannt.

Meistens hat das kleine Kamel gewonnnen.
Aber es hat ja auch längere Beine gehabt als Joel.
Und dann haben sie sich zusammen ausgeruht,
Joel und sein kleines weißes Kamel.
„Du bringst mir Glück", hat Joel zu seinem Kamel gesagt, „alle sagen, weiße Kamele bringen Glück, schon als du auf die Welt gekommen bist,
warst du schneeweiß.
Du bist mein allerbester Freund."
Und das kleine Kamel hat Joel angeschaut mit seinen großen sanften Augen, und es hat ihn mit seiner weichen Nase gestupst.

Eine Mutter und einen Vater hat Joel auch gehabt.
Und Geschwister.
Aber eines Tages ist es passiert, dass Joel sich in der Wüste verlaufen hat.
Da hat er Angst gehabt und ist ganz allein gewesen.

Weil Joel ein Beduinenjunge ist und in der Wüste lebt, weiß er, dass man immer wieder herumziehen muss. Von einem Ort zum andern.
Immer, wenn die Schafe und Ziegen und Kamele alles Gras rundherum abgefressen haben, müssen alle gemeinsam weiterziehen.
Mit Sack und Pack.
Joel kennt sich aus. Er hilft dem Vater und er hat flinke Hände.

Er hilft, das große Zelt abzubauen.
Er hilft, die Zeltbahnen, die aus schwarzen Ziegenhaaren gewebt sind, zusammenzurollen und sie einem Kamel auf den Rücken zu binden.
Der Vater ist stolz auf ihn.
„Das hast du gut gemacht, Joel!"
Joel strahlt. Er mag seinen Vater.

Auch die anderen sind mit dem Zelte-Abbrechen und dem Bepacken der Esel und Kamele beschäftigt. Esel und Kamele können eine Menge tragen. Zelte,

Zeltstangen, Schaffelle für die Nacht, Kochtöpfe und Teller und Tassen, Wassersäcke, Mehl, wollene Decken und auch die Kleidung der ganzen Familie.
Die Schafe und Ziegen blöken „mäh, mäh" und drängeln sich aneinander.
Aber Joel mag am liebsten die Kamele.
Und am allerliebsten sein eigenes.

Jetzt machen sie sich auf den Weg.
Langsam setzt sich der Zug in Bewegung.
Die Schaf- und Ziegenherden, dann die beladenen Esel und Kamele.
Die kleinen Ziegen und Schafe, die noch nicht laufen können,
müssen von den Hirten auf den Armen getragen werden.
Die ganz kleinen Kinder dürfen reiten, auch die Mütter, die ein Baby haben.

Joel denkt manchmal: „Ich mag das gar nicht so gern,
dass wir immer wieder weiterziehen.
Die Menschen in der Stadt haben es gut.
Die haben Häuser mit festen Mauern."
Aber heute ist ihm das egal.

„Vater, ich kümmere mich um das Feuer. Ich lösche es!"
Das Lagerfeuer wird immer erst ganz zuletzt gelöscht.
„Gut", ruft der Vater seinem kleinen Sohn zu, „lösch du das Feuer.
Ich weiß ja, dass du das kannst."
Er kennt seinen Jungen. Er weiß, dass der nicht nur gut mit dem Feuer umgehen kann, sondern dass er auch gerne ein wenig damit spielt, einfach so mit einem Stock darin herumstochert.
Das tut Joel auch dieses Mal.
Erst hat er Wasser auf die Glut geschüttet, und nun stochert er mit seinem Stock in der heißen Asche herum.
In der Tasche hat er ein Stück Brot. Das röstet er sich.
Er mag es, wenn es so knusprig ist und an den Rändern ein bisschen verbrannt.

Er isst und trinkt, denn Wasser hat er auch dabei.
Er vergisst richtig die Zeit.
Er mag es, wenn es in der Wüste so still ist und er schaut den Wüstenspringmäusen mit den Knopfaugen und den runden Ohren zu.
Langsam wird es immer später.
Längst sind die anderen hinter den Hügeln verschwunden.
Aber dann löscht er das Feuer endgültig.
„Jetzt muss ich aber rennen", denkt er und läuft los.
Barfuß läuft er über den steinigen Boden.
Er kann barfuß schneller rennen als andere mit Schuhen.
Er kommt auf dem kleinen Hügel an und stellt fest, dass er die anderen nicht mehr sehen kann. Da läuft er weiter.
Er läuft so schnell er kann.
Aber die anderen sieht er immer noch nicht.
Er kriegt ein bisschen Angst.
Eigentlich kennt er den Weg. Aber in der Wüste ist das gar nicht so leicht.
Jetzt geht die Sonne unter und aus den Wüstentälern steigt die Dämmerung. Es dauert nur ein paar Minuten, dann wird es dunkel.

Zwischen Disteln und Dorngestrüpp versucht Joel die Fußspuren der anderen zu erkennen. Aber er sieht nichts mehr.
Aussichtslos.
Er hat sich verlaufen. Das begreift er jetzt!
Weit und breit kein einziges Lebewesen.
Normalerweise hat Joel nachts keine Angst.
Am Feuer, beim Zelt, wenn Vater und Mutter und alle anderen dabei sind, kann ihm ja nichts passieren.
Aber jetzt hat er große Angst.
In der Ferne hört er Schakale heulen.
Er bleibt stehen, ganz still und lauscht und versucht, etwas zu erkennen.
Er erstarrt vor Schreck.

In der Dunkelheit hat er zwei Augen aufleuchten sehen.
Joel weiß, dass er nicht schreien darf, damit das Tier ihn nicht angreift.
Nach einer Zeit verschwindet es in der Dunkelheit.
An seinem Gang sieht Joel, dass es ein Löwe gewesen ist.
Er atmet erleichtert auf: „Noch mal gut gegangen."
Er geht weiter, aber nur ein paar Schritte.
„Lohnt es sich denn, weiterzulaufen, wenn man gar nicht weiß,
wohin man gehen muss?", denkt der Junge verzweifelt.
Nun stehen die Sterne am Himmel.
Aber sie können ihm auch keinen Weg zeigen.
Da sieht er einen niedrigen Dornbusch.
„Hier versteck ich mich", denkt er, „hier wagt sich kein wildes Tier an mich ran."
Joel krabbelt auf allen Vieren unter den Strauch. Er macht sich
ganz klein, zieht die Knie an die Brust.
Die Kälte kriecht unter seine Kleider.
Er zittert. Nachts wird es sehr kalt in der Wüste.

„Wenn mein Papa doch käme!", denkt er, „aber der weiß ja gar nicht,
wo ich bin!"
Tränen laufen über sein Gesicht. Es ist ihm egal.
„Hätte ich … (schluchz) … hätte ich mich doch nur beeilt …
Schluchz … da am Feuer habe ich alles vergessen …
Ich mag das Lagerfeuer doch so gern …
Trotzdem … (schluchz) … Papa hat gesagt, ich soll mich beeilen! …"
Dann hört er auf zu weinen und denkt:
„Vielleicht findet mich niemals jemand wieder …"
Auf einmal hört er ganz weit weg jemand rufen.
Die Stimme kennt er doch. –
Er springt auf und antwortet.
„Hier bin ich! Hier!"
Dann lauscht er wieder.

Es ist der Vater. Er kennt die Stimme. Der Vater ruft noch einmal,
und noch einmal antwortet Joel.
Der Vater kommt näher,
und dann sieht Joel das Licht der Fackel.
Da springt er auf und rennt los wie eine Rakete.
Er wusste gar nicht, dass er so schnell laufen kann.
Noch viel viel schneller als sonst.
Obwohl es dunkel ist.
„Papa!", schreit er, und dann drückt der Vater den Jungen an sich.
Beide weinen vor Freude. Aber das merken sie gar nicht.
„Da bist du ja!", sagt der Vater nur, und: „Beruhige dich, es ist
ja nichts passiert!"
Joel klammert sich an ihn.
„Ich lasse doch mein ‚verlorenes Schaf' nicht im Stich ...", sagt
der Vater und nimmt den Jungen auf seine Schulter.

Dann kommen sie auf dem Hügel an, wo im Zelt an einem Feuer
die ganze Familie auf Joel wartet.
Und gleich neben dem Zelt liegt das kleine weiße Kamel und schaut
dem Jungen mit großen Augen entgegen.

„Ist das schön, wenn man einen Vater hat", denkt Joel, „einen Vater,
der seinen Jungen sucht, wenn der sich verlaufen hat ..."

(Ganz genauso macht Gott es mit seinen Kindern. Davon erzählt die Bibel in vielen Geschichten. Auch Jesus hat davon erzählt.)

Von dem Sohn, der verloren war

„Jesus, bitte erzähl uns eine Geschichte über Gott", haben die Freunde von Jesus gesagt, und Jesus hat gefragt:
„Was wollt ihr denn gern über Gott hören?"
„Weißt du doch, am liebsten haben wir schöne Geschichten.
Ganz spannend, wo am Ende alles gut wird."
„Ja, das weiß ich", hat Jesus gelacht, „ich kenne euch doch!
Natürlich erzähle ich euch eine Geschichte."

Einen Augenblick hat er überlegt,
alle haben sich gemütlich hingesetzt,
und dann hat Jesus die Geschichte von dem Jungen erzählt, der schick und elegant und mit Geld in der Tasche von zu Hause weggelaufen ist, und der eines Tages wie ein Bettler in zerfetzten, schmutzigen Gewändern wieder zu Hause auftauchte.

„Also", hat Jesus gesagt, „es geht los. Hört zu!"
Und die Freunde haben zugehört.

... Es war einmal ein Vater. Der hatte zwei Söhne und einen schönen großen Hof und Felder und Kühe und Schafe und Ziegen und Pferde und vielleicht auch ein Stückchen Wald. Jedenfalls war er ein reicher Mann.
Die beiden Söhne waren sehr verschieden.

(Das ist oft so, dass die Kinder aus einer Familie stammen und doch ganz verschieden sind. Einer ist lustig und einer ist ernst. Eine spielt gern mit Puppen und die andere spielt lieber draußen.)

Der Vater liebte seine Söhne aber alle beide.

Der ältere Sohn war brav und fleißig und arbeitete gern auf den Feldern und bei den Tieren.
Der jüngere Sohn war ein Faulpelz und lag lieber in der Sonne.
Dabei dachte er immerzu: „Eines Tages ... eines Tages ...
eines Tages, da kriege ich gaaanz viel Geld.
Und mit diesem Geld kaufe ich mir tolle Sachen.
Dann fahre ich in Urlaub und schau mir fremde Länder an,
und dann wohne ich in Superhotels.
Und wenn ich viel Geld habe, dann kriege ich auch viele Freunde!"
Und dann hat er weiter überlegt:
„Hoffentlich kriege ich das Geld bald!
Hoffentlich dauert es nicht mehr so lange!
Zu Hause ist es langweilig. Immer dasselbe!"

Dem Vater und dem Bruder hat das nicht gut gefallen, dass der Kleine überhaupt keine Lust hatte, auf den Feldern zu helfen oder die Kälber zu füttern oder nach den kleinen Lämmern zu schauen.
Aber er wollte einfach nicht. Er wollte weg.
„Die Felder und die Kälber und die Lämmer interessieren mich nicht", hat er gedacht.
Und so ist der Jüngere eines Tages zum Vater gegangen.
„Vater", hat er gesagt, „Vater, ich will das Geld jetzt schon haben!"
„Welches Geld?"
„Na, das Geld, das ich sowieso mal erben werde. Die Hälfte von allem, was du hast."
„Aber Junge, warum denn?"
„Erstens bin ich jetzt erwachsen genug,
und zweitens habe ich keine Lust, hier herumzuhocken
und vielleicht noch zu arbeiten.
Ich möchte mit meinem Geld machen, was ich will!"
„Was willst du denn mit deinem Geld machen?"

„Weggehen von zu Hause, andere Länder sehen
und endlich mal was Tolles erleben."
„Aber Junge, gefällt es dir zu Hause nicht mehr?"
„Nein."
„Ich hätte viel lieber, du bliebest hier."
„Das ist mir egal. Ich will weg!"
„Hast du dir das gut überlegt?"
„Ja, habe ich. Her mit dem Geld!"
Der Vater war traurig, dass der Junge weggehen wollte.
Er hatte ihn lieb.
„Es wäre so schön, wenn er bei mir bliebe!", dachte der Vater.
„Ich bin traurig, wenn er weggeht. Vielleicht passiert ihm noch was!"
Aber der Junge war volljährig.
„Kriege ich jetzt endlich das Geld?", fragte er ungeduldig.
„Ja."
Der Vater besorgte das Geld, der Junge nahm es und sagte:
„Also, ich gehe jetzt."
Und so hat er eines Morgens seine Sachen genommen
und ist fortgegangen von zu Hause.
Mit dem vielen Geld in der Tasche.

Der Junge ist in die große Stadt gekommen, hat sich im teuersten Hotel ein
Zimmer genommen, ist vornehm essen gegangen und dann hat er Champagner
für den ganzen Saal bestellt. Und Schokoladeneis.
„Bravo", haben die Leute geschrien, „du bist super!"
Das hat dem Jungen sehr gut gefallen, dass ihm alle zugelacht haben,
dass sie ‚Prost!' gerufen haben und gewunken.
Er hat noch mehr zu essen bestellt.
Jeder konnte essen und trinken, so viel er wollte.
Der Junge hat alles bezahlt.
Es ist ein lustiger Abend geworden.

„Oh, der da, der hat viel Geld in den Taschen. Der ist reich", haben einige gesagt, „wenn wir ihm sagen, dass wir seine Freunde sind, dann kauft er uns vielleicht jeden Tag schöne Sachen und geht mit uns essen! Ist doch toll, wenn jemand so dumm ist und für uns bezahlt!"
Und so haben sie es auch gemacht.
Und der Junge hatte auf einen Schlag ganz viele Freunde.
„Du bist der Beste!", haben sie immer gerufen und ihm auf die Schulter geklopft.
„Du hast uns vom ersten Augenblick an gefallen!"
Mit dir zusammen werden wir eine schöne Zeit haben!"
Da war der Junge sehr glücklich.
Noch nie hatte er so viele Freunde gehabt.

(Er hat nicht gewusst, dass das gar keine richtigen Freunde waren; dass sie nur so nett zu ihm waren, weil er so viel Geld für sie ausgab.)

Hübsche Mädchen haben das alles beobachtet.
„Der hat viel Geld", haben sie zueinander gesagt, „wenn wir nett zu ihm sind und ihm schmeicheln, dann kauft er uns sicher Ketten und Armbänder und Ringe aus Gold und alles, was wir wollen.
Sie sind zu ihm hingegangen und haben ihn angelacht und gesagt:
„Du bist der tollste junge Mann, den wir je gesehen haben. Wir mögen dich soooo gerne! Können wir uns morgen wieder treffen?"
„Klar", hat der Junge gesagt und sich gefreut, „ich lade euch zum Frühstück ins Hotel ein!"
Und sie sind gekommen und haben ihm geschmeichelt und er hat ihnen alles gekauft, was sie wollten.
Zusammen haben sie in lustiges, fröhliches Leben geführt.

Aber ... das Geld wurde immer weniger und weniger.
Eines Tages war alles weg. Alles.
Die letzten Rechnungen konnte er schon nicht mehr bezahlen.

„Jetzt seid ihr dran", hat er zu seinen Freunden gesagt, „mein Geld ist alle. Ich hab immer für euch bezahlt, jetzt könnt ihr mal für mich bezahlen. Ihr seid ja meine Freunde."
„Wir? Bezahlen? Du spinnst wohl!
Wir haben überhaupt kein Geld.
Hast du wirklich nichts mehr?"
„Nein, es ist alles weg."
Da haben die Freunde, die gar keine Freunde waren, gedacht:
„Schau dir den an!
Der hat überhaupt nicht kapiert,
dass wir uns nur für sein Geld interessiert haben!
So ein Trottel!"

An diesem Abend war es nicht mehr lustig.
Die Freundinnen sind auch nicht mehr gekommen.
„Wir haben keine Zeit", haben sie gesagt.
Da war der Junge ganz alleine.
Weil er nicht mehr bezahlen konnte, warf der Kellner ihn hinaus.
Da stand er auf der Straße, ohne einen Cent in der Tasche.
Hunger hat er auch gehabt.
„Am besten suche ich mir Arbeit. Irgendeine.
Schließlich muss ich ja etwas zu essen haben."
Er hat gesucht und gesucht, aber jeder sagte:
„Nein, wir haben keine Arbeit für dich! Verschwinde!"
Am Ende fand er eine Stelle als Schweinehirt.
„Und was verdiene ich, wenn ich die Schweine hüte?"
„Verdienen? Du machst wohl Witze? Nichts verdienst du. Aber du darfst kostenlos im Schweinestall schlafen und aus dem Futter, das die Schweine kriegen, darfst du dir dein Essen auch aussuchen."
Der Junge wollte sich aufregen, aber er hatte großen Hunger, und kalt war ihm auch, und wo sollte er hingehen? Also sagte er leise:

„Ist schon in Ordnung."
Von jetzt an hat er ein ganz anderes Leben geführt. Kein gutes Leben.
Wenn er müde vom Schweinehüten zurückgekommen ist, musste er noch den Stall ausmisten. Weil er so hungrig war, hat er wirklich von dem Schweinefutter gegessen.
Er hat auch nicht mehr schön ausgesehen.
Seine Kleider waren schmutzig und zerrissen
und gestunken hat er auch.
Niemand hat mehr mit ihm gesprochen.
Keine Menschenseele. Er war traurig.
Jeden Abend hat er im Stall gesessen und geweint.
Bis er eingeschlafen ist. Jeden Abend.
Heimweh hat er auch gehabt.
Er hat an den Vater denken müssen und an den Bruder,
und wie schön es zu Hause war.
Zu Hause, da hat er keine stinkenden Fetzen am Leib gehabt.
Zu Hause, da hat er kein Schweinefutter essen müssen.
„Zu Hause", hat er traurig gedacht, „zu Hause, da hatten es sogar die Knechte und Viehhirten tausendmal besser als ich.
Die haben nach der Arbeit was Gutes zu essen bekommen,
und waschen konnten sie sich, und dann hatten sie ein richtiges Bett!"
Da ist ihm ein Gedanke gekommen.
„Wenn ich doch wenigstens", hat er gedacht, „wenn ich doch wenigstens zu Hause bei meinem Vater als Knecht oder Viehhirte arbeiten könnte, dann ginge es mir besser ...
Aber ... leider geht das ja nicht.
Ich habe mir ja das ganze Erbteil auszahlen lassen.
Ich gehöre ja gar nicht mehr dahin."
Und auf einmal hat er eingesehen, dass das, was er getan hatte, nicht richtig gewesen ist.
Er hat es so bereut, aber es war ja nun zu spät.

Wieder hat er geweint und ist weinend eingeschlafen.
Am nächsten Tag hat er wieder an zu Hause denken müssen.
Und am übernächsten auch.
Sein Heimweh ist immer größer geworden.
Und die Schweine haben so gestunken.
Und das Essen war ganz schrecklich.

Da hat er sich eines Tages überlegt: Ich versuch's!
Ich werde nach Hause gehen, ich werde meinem Vater sagen:
„Es tut mir so Leid, was ich getan habe.
Ich habe es gar nicht verdient, dein Junge zu sein.
Ich kann es verstehen, wenn du mich nicht mehr leiden kannst.
Aber bitte, bitte, erlaube mir, auf dem Hof zu leben.
Nicht als dein Sohn, nein, als der allerunterste Knecht.
Ich würde von morgens bis abends arbeiten."
Vielleicht erlaubt mir der Vater das.
Ich wäre der glücklichste Mensch auf der Erde, wenn er das täte!

Und dann hat er zu dem Mann, dem die Schweine gehörten, gesagt:
„Ich kündige. Ich gehe wieder nach Hause." Und er ist nach Hause gegangen.
Den ganzen weiten Weg. Schmutzig und in Lumpen.
„Hoffentlich lässt mich der Vater da arbeiten!", hat er immer gedacht,
„hoffentlich ..."

Ganz müde ist er schon gewesen, als er den Hügel heraufging,
der zu dem Haus führte, in dem seine Familie wohnte.
Langsam ist er gegangen.
Er hatte keine Schuhe an und die Füße haben ihm wehgetan.
Er war schrecklich aufgeregt.
Und geschämt hat er sich.
Furchtbar geschämt.

Im Haus hatte zufällig der Vater am Fenster gestanden.
Von ferne sah er einen Bettler kommen, eine zerlumpte Gestalt.
Er hat näher hingeschaut, und da kam ihm das Gesicht bekannt vor.
„Das ist ja", hat er gedacht, „das ist ja ... das ist ja mein Junge!
Der, der weggegangen ist, und um den ich mir die ganze Zeit so viele Sorgen gemacht habe!"
„Mein Junge!"
Der Vater hat die Haustür aufgerissen und ist hinausgerannt,
seinem Jungen entgegen.
Gelacht hat er vor Freude und seine Arme ausgebreitet.
Der Junge hat seinen Vater kommen sehen und nicht gewusst, was er machen sollte. Er hat sich hingekniet und geweint und gerufen
„Vater! ... Vater, ich bin es gar nicht wert, dein Sohn zu sein!
Ich bitte um Verzeihung!
Lass mich doch bitte, bitte der allerunterste Knecht
auf deinem Hof sein. Ich wäre so glücklich!"
„Knecht? Ach was!", hat der Vater gerufen und den Jungen aufgehoben.
„Ich bin so froh, dass du wieder da bist. Ich verzeihe dir alles.
Du brauchst kein Knecht zu sein.
Du bist mein Kind und das bleibst du auch!"
Und der Vater hat seinen Jungen in den Arm genommen und alle beide haben geweint. Dann sind sie zusammen zum Haus gegangen, und der Vater hat schon von weitem geschrien:
„He, was Tolles ist passiert! Mein verlorener Sohn ist wieder da!
Mein Junge ist wieder zu Hause!
Heute wird ein Fest gefeiert! Aber was für eins!
Schlachtet das beste Kalb, das wir haben, das wird ein toller Spießbraten.
Und backt und kocht, damit es ein Riesenfest wird heute Abend!
Und lasst schon mal Wasser in die Badewanne,
und holt ein schönes Gewand für meinen Jungen.
Denn er war verloren und ist wieder da!"

Die Leute, die herumstanden, staunten nicht schlecht.
„Der jüngste Sohn ist wieder nach Hause gekommen",
haben sie zueinander gesagt. „Man merkt richtig, wie der Vater sich freut.
Und ein Fest ist immer etwas Schönes!"
Ein paar Leute haben es dem älteren Bruder erzählt, der auf dem Feld arbeitete.
„Wer ist nach Hause gekommen? Mein jüngerer Bruder? In Lumpen?
Und dann feiert mein Vater für ihn noch ein Fest?
Der hätte ganz was anderes verdient!"
Und er ist zum Vater gerannt und hat geschimpft:
„Das ist doch unerhört! Ich arbeite wie verrückt,
und für mich hast du kein Kalb schlachten lassen und kein Fest gefeiert.
Aber für diesen Taugenichts, der das ganze Geld durchgebracht hat,
feierst du ein Fest! Das ist ungerecht!"
Der Vater hat ihn in den Arm genommen und gesagt:
„Mein Sohn, du weißt, dass ich dich liebe.
Du bist immer bei mir gewesen.
Alle Feste haben wir zusammen gefeiert,
und alles, was mir gehört, gehört auch dir. Sei nicht neidisch.
Versteh mich doch! Ich habe gedacht, dein Bruder wäre tot.
Und jetzt steht er lebendig da.
Ich hatte ihn verloren, und jetzt habe ich ihn wiedergefunden.
Ich bin so froh, dass ich es gar nicht sagen kann."
Und dann haben sie das Fest gefeiert.

Die Freunde von Jesus haben ganz still dagesessen.
„So wie dieser Vater ist Gott", hat Jesus gesagt.
„So wie dieser Vater freut Gott sich, wenn eines seiner Kinder zu ihm zurückkommt." Und die Freunde von Jesus haben gesagt:
„Das war eine schöne Geschichte."

Von dem Mann, der seinen ganzen Reichtum für eine einzige Perle gab

Da ist einmal ein Mann gewesen.
Der hatte ein Hobby:
Er hat Perlen gesammelt.
Rosa Perlen, weiße Perlen, schwarze Perlen.
Perlen haben ihm einfach gefallen.
Er hat gefunden: „Es gibt nichts Schöneres auf der Welt als Perlen!"

Dieser Mann ist reich gewesen.
Kleider hat er gehabt, die waren aus Samt und Seide.
In allen Farben. Mit Gold und Silber verziert.
Jeden Tag konnte er sich neue Schuhe kaufen, wenn er wollte.
Und die alten wegwerfen oder armen Leuten schenken.
Ein Haus hat er auch gehabt. Das war ein Palast.
Mit gaaanz vielen Zimmern.
Eines schöner als das andere.
Überall sind herrliche Möbel gestanden.
Und in den Schränken war das schönste Porzellan
und silberne und goldene Löffel und Gabeln.
Und natürlich die vielen Kleider von dem Mann und die Schuhe.
Die waren auch in den Schränken.
Um das Haus herum lag ein herrlicher Park.
Mit Wiesen und Blumen und Springbrunnen
und einem Gartenteich mit lauter Goldfischen.

Ein Swimmingpool ist auch da gewesen.
Daneben hat der Mann seinen Liegestuhl aufgestellt
und sich gefreut, dass er so reich gewesen ist.

Eines Tages ist er in der Stadt spazieren gegangen.
Er hat die Schaufenster angeschaut, und ganz zufällig ist er an einem Juwelierladen, einem Schmuckgeschäft, vorbeigekommen.
„Da!" –
„Was ist denn das?!?"
Er hat eine Perle gesehen.
Riesengroß und glänzend.
In allen Farben hat sie geleuchtet, obwohl Perlen doch eigentlich weiß sind.

„So etwas Schönes habe ich noch nie gesehen",
hat der Mann zu sich selber gesagt, „so etwas Schönes, diese kostbare Perle!
Die muss ich haben!"
Und schon ist er drin gewesen im Geschäft.
„Was kann ich für Sie tun?", hat der Verkäufer gefragt.
„Ich hätte gerne die Perle, die Sie im Schaufenster liegen haben.
Die große, die so schön leuchtet."
„Na, das schlagen Sie sich mal aus dem Kopf", hat der Mann gesagt,
dem das Geschäft gehörte.
„Warum?"
„Weil diese Perle so kostbar ist, dass Sie sie gar nicht bezahlen können."
„Woher wollen Sie das wissen?
Ich habe viel Geld.
Vielleicht kann ich sie doch bezahlen."
Dann hat der Verkäufer gesagt, wie viel sie kostet.
Der Mann hat überlegt.
„Nein, die kann ich wirklich nicht bezahlen.
Das tut mit sehr Leid.
Ich hätte sie zu gerne gehabt!
Ich mag Perlen, und diese ist so unbeschreiblich schön!
Na, da kann man nichts machen!"
„Tut mir Leid."

Der Mann mit den schönen Kleidern und Schuhen und dem Palast, mit den vielen Zimmern, und dem Goldfischteich und dem Springbrunnen und dem Swimmingpool ist nach Hause gegangen.
Immerzu hat er an die kostbare Perle denken müssen.
Er hat sie nicht vergessen können.
Wenn er im Liegestuhl gelegen ist, wenn er gegessen hat, wenn er sich ins Bett gelegt hat, immer hat er diese wunderschöne Perle vor sich gesehen.
Er ist immer trauriger geworden, dass er sie nicht hatte.

Eines Tages hat er gedacht:
„Ach was, ich verkaufe einfach meine schönen Kleider und Schuhe.
Und das Porzellan und die silbernen und goldenen Löffel.
Auch die schönen Möbel verkaufe ich, die in den Zimmern stehen."
Er hat alles verkauft, was er besaß.
Er hat einen Haufen Geld dafür bekommen.
Vergnügt ist er zu dem Juwelier gegangen.
„Schauen Sie her, so viel Geld haben Sie noch nicht auf einem Haufen gesehen!"
Er hat einen Beutel mit Goldstücken ausgeschüttet.
„Alles, was ich besessen habe, liegt vor Ihnen.
Meine Kleider und Schuhe, die Möbel und das Porzellan, einfach alles habe ich verkauft.
Hier ist das Geld.
Bitte geben Sie mir die schöne Perle!"
„Ja, das ist viel Geld", hat der Verkäufer gesagt, „aber es reicht nicht.
Tut mir Leid." „Au weh!"
Ganz traurig ist der Mann nach Hause gegangen in seinen leeren Palast.
Dann ist ihm die Idee gekommen.
„Wozu brauche ich so einen großen Palast?
Den verkaufe ich auch!
Und den Park mit den schönen Wiesen und Blumen und Springbrunnen,
den kann ich auch verkaufen.

Am wichtigsten ist mir sowieso mein Liegestuhl und der Gartenteich mit den Goldfischen."
Also hat er den Palast verkauft, und den Park verkauft, mit Wiesen und Blumen und Springbrunnen, sogar den Swimmingpool hat er verkauft.
„Na, jetzt wird es aber reichen!", hat er sich gefreut und sich vorgestellt, wie schön es wäre, die herrliche Perle in der Hand zu halten.

Wieder ist er ins Geschäft gegangen.
„Sie, jetzt habe ich das Geld aber beieinander.
Ich habe jetzt fast alles verkauft, was ich je hatte.
Jetzt wird es doch sicher für die Perle reichen?"
Der Mann aus dem Geschäft hat nachgezählt.
„Fast reicht es, fast, aber noch nicht ganz.
Tut mir echt Leid."
„Kann ich die Perle nicht etwas billiger bekommen?"
„Nein, ausgeschlossen."
„So ein Mist!", hat er ganz leise vor sich hingesagt.
Ganz traurig ist der Mann, der jetzt nur noch seinen Gartenteich und seinen Liegestuhl hatte, zurückgegangen.
Da ist er im letzten Winkel von dem schönen Park gesessen, der ihm einmal ganz gehört hatte und hat die Goldfische angeschaut.
Immer noch hat er die schöne Perle vor sich gesehen.

„Vielleicht", hat er auf einmal gedacht, „vielleicht reicht es ja, wenn ich den Teich und meinen Lieblingsliegestuhl auch noch verkaufe???
Der Verkäufer hat doch gesagt: ‚Fast reicht es!'
Ach, wäre das schön, wenn es wirklich reichen würde!
Genau, ich versuch's!"
Er ist hingegangen und hat seine letzten Lieblingssachen auch noch verkauft.
Zu gern wollte er die Perle haben.

Er ist in das Geschäft gegangen.
„Hier ist mein Geld!", hat er zu dem Verkäufer gesagt.
„Ich habe alles verkauft, was ich hatte.
Sogar meinen Lieblingsliegestuhl und den Goldfischteich.
Einfach alles.
Zählen Sie mal nach, ob es jetzt reicht."
Der Verkäufer hat gezählt
und gezählt
und gezählt,
und siehe da, es hat gereicht.
„Hier haben Sie die Perle!
Sie gehört Ihnen!"
„Super!!!"
Und dann ist der Mann auf die Straße gerannt.
Er ist vor Freude in die Luft gesprungen, er hat gesungen und gepfiffen,
er hat allen Leuten die herrliche Perle gezeigt, und er war der glücklichste
Mensch auf der Welt.

Komisch, nicht?
Dass einem Menschen eine einzige Perle so viel wert ist,
dass er dafür alles andere hergibt ...
Diese Geschichte hat Jesus in ähnlicher Weise seinen Freunden erzählt.
Und er hat ihnen erklärt:
„So wertvoll wie diese Perle, für die der Mann alles verkauft hat, was er besaß,
so wertvoll ist der Himmel."
Es gibt Menschen, die geben für Gott und für den Himmel alles her,
was sie haben.

Aber wir brauchen nicht, wie der Mann in der Geschichte, unser Bett verkaufen
oder den Kleiderschrank oder das Aquarium.
Und schon gar nicht unseren Winterpullover oder unsere Teddybären.

Denn es hat in unserem Leben einen Augenblick gegeben, da hat Gott uns den Himmel geschenkt.

Ganz umsonst.

Einfach so.

Damals, als wir getauft wurden.

Seitdem sind wir Gottes Kinder.

Er wünscht sich nur, dass wir begreifen, wie viel das wert ist.

Von einer Raupe und einem Weizenkorn: Geschichten von Verwandlung

Auf einem grünen Blatt hat eine dicke kleine Raupe gesessen.
Sie hat sich einfach von der Sonne bescheinen lassen,
und sie hat ihr Leben geliebt.
Morgens ist sie aufgewacht, weil die Vögel sie mit ihrem Zwitschern geweckt haben.
Und dann hat sie fröhlich angefangen zu fressen.
Den ganzen lieben langen Tag hat sie gefressen und gefressen.
Die Mutter hatte schon dafür gesorgt, dass sie genau dort aufwachsen konnte, wo es auch genug zu fressen gab. Mütter tun so etwas.
Die Raupe hat sich richtig wohl gefühlt in ihrer Haut, und sie ist auch ganz schön rund gewesen.

Da ist eines Tages etwas passiert:
An einer Stelle ist ihre zarte weiche Haut ganz hart geworden.
Hart und unbeweglich.
Die kleine Raupe hat einen Schrecken bekommen.
„Hoffentlich ist es morgen wieder besser! ..."
Aber es ist nicht besser geworden. Im Gegenteil!
Jeden Tag wurde es schlimmer.
Sie hat sich gar nicht mehr bewegen können.
Sie hatte richtig aufgehört, eine kleine Raupe zu sein.
Wenn Raupen Angst fühlen können, dann hat sie jetzt Angst gehabt.
Schreckliche Angst.
Sie hat ja gemerkt: „Mein Raupenleben geht zu Ende ...
Ich kann nichts dagegen tun ...
Und ich war so gern eine kleine runde Raupe."
Und dann hat ihr Raupenleben wirklich aufgehört.

Aber tot – nein, tot ist sie nicht gewesen.
Auf eine andere Weise hat sie weitergelebt.
Sie war jetzt eingeschlossen in einer harten Schale.
Da drinnen, in dieser Schale, der „Puppe", ist sie zu einem neuen Leben erwacht.

Eine Zeit ist vergangen.
Wieder schien die Sonne vom Himmel, da ist aus der Puppe langsam, langsam etwas herausgekrochen. Ein wunderschöner Schmetterling.
Er hat die Fühler ausgestreckt und die Beine und um sich herum Blumen gesehen.
Da hat der Schmetterling seine bunten und zarten Flügel ausgebreitet und ist auf den Strahlen der Sonne davongeflogen.

Aber nun zu dem Weizenkorn.
Von dem Weizenkorn hat nämlich Jesus gesprochen.
Und ihm ist es ähnlich ergangen.

Mit vielen anderen Weizenkörnern hat es in einem Korb gelegen.
Ein Bauer hat es in die Hand genommen und auf die Erde geworfen.
Es ist die Erde eines Ackerfeldes gewesen.
Die Erde war dunkel und feucht. Es hat geregnet.
Das kleine Weizenkorn ist im Boden versunken.
Der Winter ist gekommen, es hat gefroren und geschneit.
Dabei wurde das kleine goldene Weizenkorn ganz aufgeweicht.
Es hat gar nicht mehr golden ausgesehen.
Wenn das Weizenkorn hätte denken können, dann hätte es jetzt gedacht:
„Ich sterbe jetzt!"

Aber das hat nicht gestimmt. Es ist immer noch voller Leben gewesen.
Aber es ist verwandelt worden.
Zuerst ist ein zarter, hellgrüner Keim herausgekommen.

Der ist der Sonne entgegengewachsen.
Mitten in der dunklen Erde
hat das Weizenkorn gewusst, wo die Sonne war.
Unten hatte es auf einmal zarte kleine Wurzeln.
Die haben Nahrung aus dem Boden ziehen können.
Im Frühling hat eine kleine grüne Spitze aus dem Boden geschaut.
Zusammen mit vielen anderen.
Das ganze Feld hat hellgrün ausgesehen.
Es ist gewachsen und gewachsen
und im Sommer war aus dem winzigen Korn
ein großer goldener Halm geworden.
Ein Halm mit vielen neuen Weizenkörnern.

Als bei der Raupe und dem Weizenkorn der Augenblick gekommen war,
wo sie gedacht haben: „Jetzt ist mein Leben zu Ende!",
genau in dem Augenblick hat ihr neues Leben begonnen.

Jesus hat gesagt, dass es mit uns, den Menschen, genauso ist.
Unser Leben wird nicht zu Ende sein,
auch wenn wir denken: „Jetzt ist alles aus!"
Im gleichen Augenblick, wo wir denken, dass wir sterben, werden wir verwandelt. Verwandelt in etwas, das so schön ist, wie wir es uns gar nicht vorstellen können. Da geht es uns nicht viel anders als der kleinen Raupe oder dem Weizenkorn.

Genau deshalb hat Jesus das von dem Weizenkorn erzählt.

Das Weizenkorn muss „sterben",
damit es Frucht bringen kann.

Wie bei der Raupe und dem Weizenkorn
ist im Tod das Leben verborgen.
Das Leben, das nie mehr aufhören wird.

III.

Brot vom Himmel

Gott gibt seinem Volk zu essen

Drei oder vier Wochen lang sind die Israeliten schon auf Wanderschaft.
Sie haben einen weiten Weg vor sich.
Von Ägypten nach Kanaan.
Aus dem Land, wo sie Sklaven gewesen sind und von Sonnenaufgang bis Sonnenuntergang schuften mussten, ohne Lohn, in das Land, das Gott ihnen versprochen hat.
Aber durch die Wüste zu wandern ist anstrengend.
Die Sonne brennt den Kindern auf die Köpfe.
Manchmal haben sie fast keine Lust mehr, weiterzulaufen.

Die Kinder haben echten Stress gehabt in diesen Wochen.
Nicht spielen ...
Nicht herumlaufen ...
Nicht ausruhen ...
Es ist immer nur das Gleiche, was sie hören:
„Weiter, Kinder, weiter!"
„Warum???!!!"
„Damit wir sicher sind vor den Ägyptern!"
„Aber die Reiter mit den Rüstungen und den Speeren, die uns verfolgt haben und uns umbringen wollten, sind doch ertrunken.
Im Schilfmeer ...
Jetzt müssen wir uns doch nicht mehr so beeilen!"

„Ach, ich bin soo müde", sagt der kleine Simon, und Hunger habe ich auch.
Ich könnte einen ganzen Korb voll Mazzot* essen ...
Sooo einen Hunger habe ich!

---

* So nannten die Israeliten ihr Brot

„Mamaaaa!“
„Ja, was ist, mein Junge?“
„Ich habe Hunger!“
Die Mutter weiß das.
Sie nimmt ihren Jungen in den Arm und weint.
Sie macht das so, dass er die Tränen nicht sieht.
Er soll nicht merken, dass sie ganz verzweifelt ist.
Aber das ist Quatsch.
Kinder merken alles.
„Was ist denn los, Mama???“
„Ach, wir haben nichts mehr zu essen.
Keine einzige Mazza.

(Eine Mazza ist eine dünne trockene Pita, so was wie Knäckebrot …)

Auch nicht das kleinste Krümelchen ist übrig geblieben.
Nur noch etwas Wasser zum Trinken haben wir.“
„Vom Wassertrinken geht mein Hunger nicht weg.“
Simon weint.
Mirjam und Lea, die schon etwas größer sind, weinen auch.
Auch Jonathan und Josua, die beiden Freunde, fangen an zu schimpfen:
„Wir wollen endlich was zu essen haben!
Wir sind schon ganz schlapp!
Wenn wir nichts kriegen, laufen wir nicht einen Schritt weiter!“

Die Mutter ist verzweifelt.
„Gott wird uns schon etwas zum Essen schicken.“

„Wo?! Hier mitten in der Wüste?
Und was will er uns schicken?!
Vielleicht ein gebratenes Hähnchen?“

„Kinder, seid nicht so frech!"
„Wir sind doch frech, weil wir Hunger haben!
Wenn wir morgen auch nichts zu essen kriegen, dann sterben wir hier alle in der Wüste. Das ist ein richtiger Mist!
Dann hätten wir ja gleich in Ägypten bleiben können.
Da hatten wir wenigstens jeden Tag etwas zu essen!"

„Aber wir sind jetzt keine Sklaven mehr, Kinder.
Wir sind frei!"

„Das ist uns egal.
Wenn ich tot bin vor lauter Hunger, dann ist es mir ganz egal, ob ich frei bin oder nicht!"

Es ist Abend, die Kinder gehen müde und traurig in ihr Zelt.
Sie sind schon schwindlig vor Hunger und müde vom vielen Laufen.
Sie schlafen sofort ein.

Jetzt regen sich die Mütter richtig auf.
„Mose ist an allem schuld!
Der hat uns alles eingebrockt.
Schleppt uns in die Wüste, damit wir hier vor Hunger sterben.
Was hat er sich dabei gedacht?!?
So etwas muss man sich doch vorher überlegen!"
Immer mehr Mütter laufen zusammen und schimpfen und weinen und schreien herum, und als die Väter kommen, gehen die Mütter gleich auf sie los:
„Ihr spinnt doch! Alle miteinander!"
„Wer spinnt? –
und wieso spinnen wir?
Warum seid ihr so aufgeregt?"
„Das können wir euch sagen!

Wir regen uns so auf, weil wir keine Mazzot mehr haben, und weil die Kinder Hunger haben ... Wir übrigens auch!
Geht sofort zu Mose und sorgt dafür, dass wir etwas zu essen kriegen.
Sonst könnt ihr was erleben!"

Da rennen die Väter los.
Zu ihrem Anführer, zu Mose, ins Zelt.
Ohne anzuklopfen.
Sie fangen sofort an zu schimpfen.

(Sie haben ja auch Hunger, aber noch mehr tun ihnen ihre Kinder Leid.)

„Wir haben Hunger!!!", schreien sie.
„Woher sollen wir etwas zu essen kriegen, hier in der Wüste?
Du hast uns in die Wüste geführt.
Am besten wären wir in Ägypten geblieben.
So ein Mist!"

„Aber Gott ist doch da. Der wird für euch sorgen!"
„Glauben wir nicht!
Sorg dafür, dass morgen etwas zu essen da ist, sonst kannst du was erleben."
Einige heben dicke Steine auf und halten sie hoch, als wollten sie sie auf Mose werfen. So wütend sind sie.
Mose sagt: „Ich werde mit Gott reden, ich werde beten, und wenn's die ganze Nacht sein muss.
Morgen gibt es sicher etwas zu essen, daran glaube ich.
Gott lässt seine Kinder nicht im Stich."
„Und woher will Er hier in der Wüste Essen für uns haben?"
„Das weiß ich auch nicht, aber wir werden ganz bestimmt nicht hier in der Wüste verhungern."
„Hoffentlich!"

Die Männer ärgern sich noch immer, aber einige fangen schon wieder an zu glauben, dass Gott Sachen machen kann, die Menschen sich nicht vorstellen können.

Kinder sind morgens immer zuerst wach.
Die Eltern schlafen oft noch, aber die Kinder rennen schon aus den Zelten.
Auch an diesem Morgen ist es so.
Sie krabbeln aus dem Zelt, schauen sich um, und sind zuerst sprachlos.
Aber dann werden sie auf einen Schlag munter.
„Hey, ich werd verrückt, was ist denn hier los???"
„Genau! Was ist das da, das Weiße überall auf den Büschen?"
„Eins weiß ich", sagt Jonathan, „das war gestern noch nicht da."
Die Kinder schauen sich um.
„Überall ist das! ... Um das ganze Lager herum! ..."
„Und soo viel!"

Die Kinder wissen nicht, dass Mose gebetet hat,
dass er zu Gott gesagt hat: „Herr, gib deinem Volk zu essen.
Sie haben Hunger."
Und die Kinder wissen nicht, dass das jetzt die Antwort von Gott ist.
Simon und Lea und Mirjam nehmen vorsichtig was in die Hand.
„Iii, es klebt!" Sie lecken daran.
„Ganz süß, wie Honig, schmeckt toll!", rufen sie
und stecken sich den Mund voll.
„Man hu", sagen sie, denn sie sprechen eine andere Sprache als wir,
und das heißt: „Was ist das?"
Die anderen haben „Manna" verstanden.
Und sie schreien fröhlich durcheinander:
„Manna ... Brot vom Himmel! Gott hat es runterregnen lassen ..."
Das stimmt zwar nicht ganz, runtergeregnet ist es nicht, aber Gott hat es wirklich aus diesen Pflanzen hervorgebracht.

Die Kinder setzen sich gemütlich hin und essen und essen, bis sie satt sind und ihre Bäuche kugelrund.
Jetzt scherzen und lachen sie wieder.

Sie gehen ins Zelt.
„Mama! Papa! Aufwachen!"
„Frühstück ist fertig!"
„Lügt nicht so herum."
„Wir lügen nicht, geht mal aus dem Zelt raus und schaut euch um!"
Die Eltern können nicht glauben, was sie sehen.
„Was ist denn das?"
„Das kann man essen, schmeckt toll! Ganz süß! Man wird richtig satt davon.
Schmeckt wie Semmel mit Honig."
„Ach was!"
„Nicht ‚Ach was' sagen, essen!"
Und die Eltern essen und strahlen und schon rennen die Mütter
und holen Schüsseln und Körbe zum Einsammeln ...

Sie bedanken sich bei Mose.
„Bedankt euch bei Gott! Er hat euch das Essen geschickt.
Und ihr solltet endlich Gott etwas mehr vertrauen.
Er wird euch jeden Tag Neues schicken.
Ihr sollt nichts aufheben.
Ihr müsst glauben, dass Gott euch morgen wieder Neues schickt."

„In Ordnung", sagen die Leute, aber die Mütter denken, „wir sind doch nicht dumm!"
„Wer weiß, ob morgen wieder etwas da ist!"
Sie glauben Gott nicht.
Und sie sammeln viele Schüsseln voll und verstecken sie im Zelt.

Nächster Morgen. Kinder haben die besten Nasen.
„Igitt, hier stinkt's!!! und wie!" „Was stinkt hier so?"
Sie fangen an zu suchen.
Sie finden die Schüsseln mit dem Manna von gestern …
Das stinkt wie die Pest und es krabbeln Würmer drin herum.
Sie fangen an zu schreien!
„Pfui, mir wird ganz schlecht."

Dann rennen sie raus und holen sich von den Büschen frisches Manna.
Es ist wieder ganz viel da.
Die Mütter, die mussten nun einsehen, dass sie Gott nicht geglaubt hatten.
Jetzt mussten sie den ganzen Mist sauber machen.
Jeden Morgen war nun wieder frisches „Brot vom Himmel" da.

(So haben sie es genannt, obwohl es kein richtiges Brot gewesen ist.
Aber vom Himmel ist es gewesen. Gott hatte es ihnen geschenkt.)

Und viele von ihnen haben zu Gott gesagt:
„Danke, dass Du für deine Kinder sorgst!"

Nur einmal in der Woche, am Schabbat, dem Ruhetag,
da durfte das Volk Israel vorher sammeln.
Da ist alles frisch geblieben.
Ein Wunder.
Gott kann so was.

IV.

David-Geschichten

David, der Hirtenjunge

Vor 2000 Jahren ist in Betlehem das Jesuskind geboren.
Vor 3000 Jahren ist da ein anderer kleiner Junge auf die Welt gekommen.
David.
David ist ein Hirtenjunge gewesen.
Sein Papa hieß Isai und ihm gehörte ein großer Bauernhof.
Sie haben viele Tiere gehabt.
Besonders viele Schafe.
„Die hüte ich heute!",
hat der kleine David gesagt, als er gerade 5 Jahre alt gewesen ist.
„Du bist noch zu klein."
„Nein, bin ich nicht."
„Die Schafe gehorchen dir noch gar nicht."
„Die Schafe gehorchen mir schon ... Ich habe ja meinen Hund dabei,
und ein Messer ..."
„Wofür brauchst du das Messer?"
„Zum Schnitzen.
Zum Stock schnitzen.
Ich schnitze mir einen tollen Hirtenstock aus einem langen Ast."
„Das kannst du doch überhaupt noch nicht."
„Kann ich doch! ... Und außerdem schnitze ich mir noch eine Flöte ..."
„Was für ein Junge", haben die Eltern gesagt und den Kopf geschüttelt.
„Noch so klein und kann schon so viel. – Aber frech ist der Kerl auch."
„Ja, aber wir haben ihn trotzdem gern und sind stolz auf ihn."

Die Eltern sind wirklich stolz auf ihn gewesen.
Er ist der Kleinste gewesen.
Seine sechs Brüder waren schon erwachsen. 16, 17, 18, 19, 20 und 21 Jahre alt.
Verglichen mit denen, war er nur ein kleiner Knirps.

Die Brüder haben schon viel gewusst. Er noch nicht. Er hat noch nicht schreiben und lesen können, weil er zu jung war.
Wenn er was gesagt hat am Tisch, haben die Brüder gesagt:
„Sei du ruhig, du hast ja noch gar keine Ahnung."
„Ihr seid gemein!!!", hat David gerufen.
„Eine ganz gemeine Saubande!!!"
„Sag nicht so böse Wörter!"
„Ich sag, was ich will."

Aber David ist trotzdem traurig gewesen, wenn die Brüder nicht nett zu ihm gewesen sind, und er hat sich umso besser mit seinen Tieren verstanden.
Wenn sie draußen auf der Weide gewesen sind, dann hat David sein Lieblingsschäfchen neben sich gehabt. Es hat sich an ihn gekuschelt.
Es ist weich und wollig gewesen. Es hat ihn mit der Schnauze angestupst.
Da hat David sich glücklich gefühlt.
Er hat seine Schafe gestreichelt und ihnen gutes Futter gesucht.
Die Tiere haben gefühlt, dass das ein lieber Junge war, und sie sind überall hingegangen, wo er auch hingegangen ist.
Sein Hund hat mit ihm aufgepasst.

David hat immer seine Hirtentasche dabei gehabt.
Die hat er sich umgehängt.
Da ist sein Essen drin gewesen und etwas zum
Trinken und auch sein Messer.
Der Stock, den er geschnitzt hat, ist ihm gut gelungen.
Nie mehr ist er ohne seinen geschnitzten Stock irgendwohin gegangen.
Am liebsten hat er im Schatten unter einem Baum gesessen,
die Schafe und Lämmchen um ihn herum, seinen Hund und seinen
Stock neben sich,
und er hat auf der Flöte gespielt.
Richtige Lieder!

„Das gibt's doch nicht!", haben die Eltern ausgerufen, als sie zum ersten Mal gesehen haben, dass der Kleine sich eine Flöte geschnitzt hatte, und dass man wirklich drauf spielen konnte.
Inzwischen ist er schon sieben gewesen.
Er hat noch was in seiner Hirtentasche mit herumgeschleppt:
Ein paar scharfe, glatte Steine.
Und eine selbst geschnitzte Steinschleuder.
Das ist seine Waffe gewesen.

Eines Tages ist ein Löwe gekommen.
Von hinten.
Angeschlichen.
„Schnapp" ... schon hatte er das Lieblingslamm von David im Maul und wollte wegrennen.
Im selben Augenblick hatte der kleine David seinen Stock in der Hand und ist stinksauer gewesen ... und sehr wütend ...
„Lass sofort mein Lamm los, sonst kannst du was erleben!", hat er den Löwen angeschrien.
Der Löwe hat dumm geschaut.
Ein Junge mit einem Stock in der Hand stand vor ihm und hatte überhaupt keine Angst. „Wwwwas iiist dddennn jetzt los?", hat der Löwe gedacht, „der hat keine Angst vor mir?
So ein kleiner Mensch?
Weiß der nicht, dass ich viel stärker bin als er?"
Dem David ist das egal gewesen.
Er hat Wut gehabt.
„Lass mein Lamm sofort los!"
Der Löwe war so verdutzt, dass er das Maul aufgemacht hat.
Plumps, ist das kleine Schäfchen ins Gras gefallen.
Liebevoll hat David es aufgehoben und geschaut, ob es nicht verwundet gewesen ist. Aber alles war in Ordnung.

„Hau bloß ab!“, hat er zu dem Löwen gesagt.
Der hat sich umgedreht und ist davongetrottet.

Ein paar Wochen später ist es wieder gefährlich gewesen.
Da ist ein wilder Bär gekommen, der hatte Hunger und sich gedacht:
„Ich hol mir ein Lamm.“
Schon kam er angetrottet, da hatte der Junge seinen Stock in der Hand
und als der Bär sich bückte, um sich das Lamm zu schnappen, da hat ihm David
eins über den Schädel gedonnert, dass der Bär Sternchen gesehen hat.
Er hat gebrummt und seinen Kopf geschüttelt und ist weggelaufen.
Das kleine Lamm hat er natürlich fallen lassen.

Ja, so ist David, der Hirtenjunge, gewesen.
Klein, aber oho!
Mutig, tapfer, ohne Angst.
Und am allermeisten hat er die Musik geliebt.

Er ist nicht nur hübsch gewesen, den ganzen Kopf voller rotblonder Locken,
(wenn er auch immer schmutzig gewesen ist und er immer barfuß herumlief),
er war einfach ein toller Junge.
Und fromm.
Nie hat er vergessen zu beten.
Weil er wusste, dass Gott unsichtbar bei ihm gewesen ist,
deshalb hatte er auch nie Angst.
Vor nichts und vor niemand auf der Welt.

Wenn Gott unsichtbar bei einem Kind ist,
dann braucht es keine Angst zu haben.

David kämpft gegen den Riesen Goliat

In Israel ist Krieg gewesen.
Sie haben gegen die bösen Philister kämpfen müssen.
Alle großen Söhne von Isai mussten mitkämpfen. Sie waren Soldaten.
David nicht.
Der ist noch zu klein gewesen.

Wenn sie jetzt morgens beim Frühstück gesessen sind, war nur noch David mit Vater und Mutter am Tisch.
Da sind die Eltern sehr, sehr froh gewesen, dass sie noch einen so kleinen Sohn hatten. Dass sie nicht ganz allein gewesen sind.

Die Mutter hat eines Morgens gesagt:
„Meine großen Söhne kriegen jetzt bestimmt kein so gutes Frühstück.
Die würden sicher mal gerne was von ihren Lieblingsspeisen essen."
„Tja", hat der Vater gesagt, „aber das geht ja leider nicht. Sie sind im Heerlager.
Bei der Armee. Weit weg."
Die Mutter hat ein bisschen geweint.

Plötzlich ist dem David eine Idee gekommen.

„Ich geh hin." „Wo gehst du hin?"
„Ich geh zu den Brüdern. Ich bringe ihnen ihr Lieblingsessen."
„Das geht nicht. Auf keinen Fall!"
„Warum?"
„Warum? Warum? ... Ganz einfach! Weil die da keine Kinder reinlassen!"
„Ich komme schon rein.
Ich komme überall rein, wo ich will."
„Gib nicht so an."

„Ich gebe nicht an. Ich gehe einfach da hin und suche die Brüder."
„Hast du keine Angst?"
„Nein ... Gott ist bei mir ... Immer... Unsichtbar ...
Zusammen mit Gott bin ich stärker als 100 000 Soldaten."

„Jetzt hör aber auf!"
„Willst du wirklich zu den Brüdern gehen, den weiten Weg,
und ihnen etwas zu essen bringen?"
„Ja, habe ich doch schon gesagt!"
„Dann wird dein Rucksack aber schwer."
„Macht mir nichts aus."

Da ist die Mutter in die Küche gerannt und hat zusammengesucht, was ihre Söhne am allerliebsten gegessen und getrunken haben:
guten süßen Wein, leckeren Käse, Kuchen und ganz viel Popkorn.
Sie hat alles hergerichtet, den Kuchen gebacken, das Popkorn gemacht und Käse und Wein in den Rucksack getan.
„Ich brech' zusammen!", hat David gerufen, als er den großen Rucksack und die Tasche gesehen hat.
Zum Glück ist Popkorn ganz leicht gewesen, das konnte man gut tragen.
Fertig ist der Junge dagestanden.
Seine Lammfelljacke hat er angehabt, den Rucksack auf dem Rücken, auf der einen Seite eine Umhängetasche mit Wein und Kuchen, auf der anderen Seite seine Hirtentasche mit Messer und Steinschleuder und verschiedenen Sachen, die ein Junge so braucht.
Den Stock hat er in der Hand gehabt.
„Tschüss Mama, tschüss Papa!", hat er gerufen und hat von beiden zum Abschied einen dicken Kuss bekommen.

(Er hat natürlich nicht Tschüss gesagt, sondern Schalom, *weil er ja anders gesprochen hat als wir, aber das ist das Gleiche gewesen für ihn.)*

David ist marschiert und marschiert.
Bis er zum Lager der israelitischen Soldaten gekommen ist.
Das ist schwer bewacht gewesen.
Aber nicht schwer genug bewacht für einen Jungen wie David.
Flink wie ein Wiesel ist er von einem Busch zum andern gelaufen.
Immer, wenn die Wachen vorbeigekommen sind, ist er ganz leise gewesen,
und wenn sie weitergegangen sind, ist er wieder ein Stück gelaufen.
Niemand hat ihn erwischt.

Am Ende stand er mitten im Heerlager.
Da waren lauter Zelte.
In denen wohnten die Soldaten.
Das schönste und größte Zelt hat in der Mitte gestanden.
Das ist das Zelt des Königs gewesen.
Der König hieß Saul.
Der hatte seinen Jungen dabei.
Der war so alt wie David.
Er hieß Jonatan.
Viele Diener haben sie auch dabeigehabt,
denn normalerweise lebten sie ja in einem Schloss.
Als die Soldaten den Jungen mitten im Lager stehen sahen,
hat es ein Riesengeschrei gegeben:
„Hier ist ein Junge!"
„Das ist nicht zu glauben!
Was haben Kinder hier zu suchen!"
„Hier kommt ein Junge doch gar nicht rein ...
Wir sind doch scharf bewacht!"
David hat gelacht:
„Seht ihr doch, dass ich reingekommen bin."
„Und die Wachen haben dich durchgelassen?"
David hat noch einmal gelacht:

„Die haben mich gar nicht gesehen.
Übrigens, ich suche meine Brüder, die Söhne von Isai aus Betlehem.
Wisst ihr, wo ich sie finden kann?"
„Die Söhne von Isai? Klar! Wir bringen dich hin."

Kurz darauf ist David mitten im Zelt von seinen Brüdern gesessen, und sie haben die leckeren Sachen auf einem weißen Tuch auf dem Boden ausgebreitet.
„Lecker! Köstlich! ..."
Sie haben ihren Lieblingskäse gegessen und süßen Wein getrunken
und Kuchen gekaut und Popkorn geknabbert.

Da! –
Auf einmal konnte man eine ganz laute, wüste Stimme hören.
Im ganzen Lager.
Keiner hat was gesagt. Aber David hat gefragt:
„Wer schreit denn da so herum?"
Zuerst hat niemand geantwortet.
„Warum sagt ihr nichts?!?
Wer schreit denn da so furchtbar laut herum, das ist ja schrecklich!
Nicht zum Aushalten!"
Da hat einer gesagt:
„Das ist Goliat. Das ist ein Riese. Das ist der Anführer der Feinde.
Der schreit jeden Nachmittag so."
„Und wo ist der, dieser Riese Goliat???"
Der steht auf der anderen Seite von dem kleinen Tal, ganz dicht am Abhang,
und beschimpft uns ..."
„Der beschimpft euch???"
„Ja, und er verspottet uns, weil wir an Gott glauben.
Er verspottet Gott auch."
Da ist David aufgesprungen, weil ihn das sehr aufgeregt hat.
„Das lasst ihr euch gefallen???"

„Ja, du hast gut reden. Hast du den Kerl schon gesehen?"
„Nein." David hatte ihn noch nicht gesehen.
Aber wie der Wind ist er aus dem Zelt gerannt, ist durchs Lager gelaufen und hat sich den riesigen Kerl angeschaut.

Der hat noch immer herumgeschrien.
„Wahnsinn, das ist ja wirklich ein Riese!!!
Der ist ja mehr als zwei Meter groß! ...
Was sagt er da gerade?"
„... ihr Feiglinge ... ihr Hundesöhne ... ihr blöden Kerle! ..."
Und noch mal: „Ihr elenden Hunde von Israeliten!"
Seine riesige Rüstung hat in der Sonne geglänzt.
Sein Schwert war so groß, das mussten zwei normale Soldaten halten.
Auch sein Schild mussten zwei starke Männer tragen.
Er hat weiter geschrien:
„Warum traut sich keiner, mit mir zu kämpfen?!?"
„Kämpfen? Mit dem Riesen?", hat sich David gedacht,
aber der Riese hat weitergebrüllt:
„Ihr Feiglinge! ... Ihr Hundesöhne! ...
Ihr mit eurem unsichtbaren Gott!!!
Ha, ha, ha, was denkt ihr eigentlich von mir?!?
Ich weiß ganz genau:
Was man nicht sehen kann, das gibt es gar nicht ..."

Dann ist dem Riesen langweilig geworden und er ist zurückgegangen in sein Lager. „Morgen komme ich wieder!", hat er nur noch gerufen.

David ist ganz aufgeregt gewesen.
„Spinnt ihr? Lasst ihr euch das von dem Kerl gefallen?
Der hat Gott verspottet!!!
Der hat gesagt, ihr wärt Feiglinge und Hundesöhne!
Warum kämpft keiner mit ihm und stopft ihm das freche Maul?"

„Wir trauen uns nicht.“ „Was???“
„Keiner von uns traut sich.
Der ist doch so groß, das ist doch ein Riese, der zerquetscht uns doch wie Flöhe.
Der kann doch jeden umbringen, der mit ihm kämpft.
Nein, wir trauen uns nicht.“
„Dann kämpfe ich mit ihm. Ich besiege den Kerl!“
„Gib nicht so an!“
„Ich gebe überhaupt nicht an.“
„Du bist viel, viel kleiner als der Riese, der bringt dich um.“
„Hm, hm“, David hat mit dem Kopf geschüttelt.
„Der weiß nicht, dass es nicht nur auf die Muskeln ankommt, sondern auch auf das, was man im Kopf hat.
Und der weiß nicht, dass mit Gott zusammen auch die Schwachen stark sein können … Morgen stopf ich ihm das Maul …“
„Du bist echt mutig, Junge!“

Inzwischen waren ein paar Soldaten in das Zelt des Königs gerannt.
„König Saul … König Saul … Der Junge will mit dem Riesen kämpfen!
Ganz allein.“ „Nein!“
„Doch, ganz bestimmt. Der traut sich.“
„Dann bringt den Jungen her.“
Sie haben David ins Zelt des Königs gebracht.
Der König saß auf seinem Thron aus Gold.
Neben ihm stand ein Junge. Der Kronprinz. Jonatan.
Er hat alles beobachtet.
Er hat David gesehen und der hat ihm gut gefallen.
„Wenn ich doch nur so einen Freund hätte wie David …“, hat er sich gedacht.

Der König hat David seine Rüstung geben lassen,
damit er besser kämpfen konnte.
Beinschienen, Armschienen, ein Kettenhemd, Rüstung, Helm.

Die Diener mussten David alles anziehen.
David musste schon beim Anziehen lachen.
Beinschienen, Armschienen, Kettenhemd, Rüstung, Helm, und am Ende bekam er noch das Schwert des Königs. Au weh!
David hat probiert, ein paar Schritte zu gehen.
Schepper, schepper, kratz, kneif, schepper, am Ende ist ihm noch der Helm über die Augen gefallen.
Jonatan hat laut gelacht und David auch.
„König, du hast selber gesehen, das geht nicht.
So kann ich niemand besiegen.
Dann fall ich einfach um.
Plumps, und aus ist der Kampf.
Nimm alles wieder zurück und vielen Dank!
Ich kann am besten barfuß laufen.
Und ich habe meine eigenen Waffen."
Dabei hat er seinen Stock in der Hand gehalten.

(In seiner Hirtentasche hat er die Steinschleuder gefühlt.)

Der König war gerührt: „Gott sei mit dir, David!"
„Das wünsche ich dir auch!", hat Jonatan gesagt.

In der Nacht ist David heimlich ins Tal hinuntergeschlichen.
Da hat er sich im Bach fünf glatte, spitze Steine ausgesucht und in seine Tasche gesteckt. Dann hat er gebetet und ist schlafen gegangen.
Am nächsten Tag ist der Riese wieder gekommen, der Goliat.
Er hat wieder angefangen zu brüllen und zu schreien, dass man's über das ganze Tal hören konnte.
Auf der anderen Seite stand diesmal David.
Hirtentasche umgehängt und seinen Stock in der Hand.
„So ein frecher Riese! So ein Mistkerl!"

Der hat wieder angefangen:
„Na, ihr Feiglinge, ihr Hundesöhne, traut sich wieder keiner mit mir zu kämpfen?
Ihr seid eben Feiglinge!!!"

„Selber Feigling!", hat David gerufen, so laut er konnte.
„Was, du Knirps wagst es, mich zu beschimpfen???"
„Ja!"
Dem Riesen sind fast die Augen aus dem Kopf gefallen.
Ihm ist die Spucke weggeblieben.
Aber dann hat er noch lauter geschrien:
„Ihr seid eine ganze Horde von Feiglingen und elenden Hunden …
und euer Gott, ha ha ha, den gibt's ja gar nicht.
Ich habe ihn noch nicht gesehen!"
„Jetzt halt sofort dein freches Maul!", hat David gerufen, „sonst …"
„Was sonst???", hat der Riese gebrüllt.
„Wer bist du überhaupt?
Und was glaubst du, wer ich bin?!?
Bin ich etwa ein Hund, weil du mit einem Stecken zu mir kommst?"

„Ja", rief David munter, und ich werde dich besiegen, weil Gott bei mir ist und mir hilft!"
Dabei nahm er seelenruhig aus seiner Hirtentasche einen ganz glatten und spitzen Stein, steckte ihn in seine Steinschleuder und „zzziisch" flog der Stein durch die Luft, kam bei dem Riesen an und traf ihn genau
zwischen den Augen, da wo der Helm eine Öffnung hatte.
Zwischen den Augen blieb er stecken, der Riese sah lauter Sterne, dann fiel er um wie ein Kartoffelsack. Plumps, da lag er.
Die Soldaten haben David Beifall geklatscht.
Die Israeliten hatten den Krieg gewonnen.
Und der Krieg ist zu Ende gewesen.
Gott sei Dank!

David wurde zum König gerufen.
„Du darfst dir wünschen, was du willst.
Jeder Wunsch wird dir erfüllt, so wahr ich König bin!"
David hat ein bisschen überlegt.
„Ich brauche gar nichts. Ich bin glücklich und zufrieden.
Ich habe meine Tiere und meine Eltern und mehr brauche ich nicht."
Aber dann hat er an seinen Papa gedacht
und gesagt: „Herr König, ich habe doch einen Wunsch!"
„Welchen?"
„Dass mein Vater in seinem ganzen Leben nie mehr Steuern bezahlen muss."
„In Ordnung."
Aber David ist klug gewesen.
„Herr König, können Sie mir das schriftlich geben, mit ihrer königlichen Unterschrift und dem königlichen Siegel?"
„Ja, das kann ich."
Jonatan stand neben dem Thron und hat gedacht:
„Ich weiß nicht wie, aber David muss einmal mein Freund werden."

David ist nach Hause gegangen.
Als wäre nichts passiert.
Er hat gewusst, dass Gott es war, der ihm geholfen hatte.

Aber die Brüder sind auch gekommen und haben alles erzählt.
Da hat David seinem Papa den königlichen Brief gegeben, und der hat sich sehr gefreut und ist stolz auf seinen Jungen gewesen.

Der war schon wieder draußen bei seinen Tieren.
Inzwischen hatte er natürlich auch ein Lieblingspferd.
Damit ritt er über die Berge und Täler von Israel.

David muss fliehen

Eine ganze Zeit lang wohnt David schon im Schloss.
Zuerst ist ihm der Abschied von seinem Elternhaus in Betlehem schwer gefallen, aber jetzt ist er ja kein Kind mehr, sondern ein junger Mann.

Im Schloss von König Saul hat David einen Freund gefunden, den Jonatan.
Den besten Freund, den er je hatte.
Und außerdem hat er sich in die Prinzessin verliebt.
Erst nach vielem Hin und Her ist König Saul einverstanden gewesen,dass seine Tochter, die Prinzessin Michal, und der Hirtenjunge David heiraten.
Dabei ist David längst kein Hirtenjunge mehr.
Er ist nicht nur erwachsen geworden, ein wunderschöner junger Mann, groß, mit goldenen Locken.
David kann auch alles, was ein Prinz können muss.
Er kann reiten, fechten, kämpfen, ist stark und mutig,
und er kann noch etwas Besonderes, nämlich auf der Harfe spielen.
Die Musik, die er macht, klingt so wunderschön, dass zum Beispiel jemand, der fast vor Wut platzt und dann diese Musik hört, sanft wie ein Lämmchen wird.

Das ist gut für David, dass er so herrliche Musik machen kann.
In der letzten Zeit kriegt König Saul nämlich oft Wutanfälle.
Einfach so. Ohne Grund.
Und wenn dann David mit seiner Harfe kommt und spielt, dann beruhigt sich der König wieder.
Zwischendurch hat David viel Zeit für seinen Freund Jonatan.
Meistens reiten sie zusammen aus. Sie haben viel Spaß zusammen.
Oder er ist bei seiner Frau, der Prinzessin Michal. Sie können im Schlosspark spazieren gehen oder ausreiten, oder es sich zu Hause gemütlich machen.
Das Leben gefällt ihm sehr gut.

Bis ...

Ja, bis der König eines Tages nicht mehr durch Musik zu beruhigen ist.

Obwohl David wunderschön spielt, fängt König Saul an zu schreien.

„Ich bring dich um, du Bauernlümmel!"

Dann nimmt er seinen Speer und schleudert ihn auf David.

Der kann gerade noch im letzten Augenblick zur Seite springen und aus dem Zimmer rennen.

Der Speer bleibt in der Wand stecken.

„Was hat das zu bedeuten???"

Jonatan fragt seinen Vater:

„Warum wolltest du David umbringen, er ist doch mein Freund?!?"

„Ich kann ihn nicht ausstehen."

„Warum???"

„Weiß ich auch nicht."

„Er hat doch nichts Böses getan!"

„Das ist mir egal. Ich werde ihn auf jeden Fall töten!"

„Aber er ist doch mit deiner Tochter verheiratet, und sie liebt ihn."

„Das ist es ja gerade, was mich am meisten ärgert!

Und wenn du nicht aufhörst, ein Freund von diesem David zu sein, dann kannst du dich auf was gefasst machen!"

„Meine Freundschaft zu David werde ich nie aufgeben.

Niemals. So lange ich lebe!"

„Was fällt dir ein!!!"

„Ich geh ja schon, Vater ... Beruhige dich!"

Jetzt weiß Jonatan, dass David in Lebensgefahr ist.

Er rennt, so schnell er kann, in den Teil des Schlosses, in dem David mit seiner Frau Michal wohnt.

„David, du musst fliehen!

Ganz schnell!
Der König will dich töten."
„Aber warum denn?"
„Weiß ich auch nicht, aber auf jeden Fall musst du sofort das Schloss verlassen.
Auf mich ist er auch schon ganz wütend, weil ich zu dir halte."
„Dann geh schnell, damit er uns hier nicht zusammen findet."
„Du hast Recht, David. Ich muss gehen.
Pass auf dich auf!"

Michal ist ganz aufgeregt.
„An den Toren stehen jetzt bestimmt überall Wachen, die dich schnappen sollen ...
Alle Fluchtwege sind verschlossen ...
Um Himmels willen, was können wir tun?!?"
Dann fällt ihr zufällig der Wäschekorb auf, der da steht.
Wäscheleine ist auch da.
„Ich hab's!", ruft sie.
„David, ich lass dich mit dem Korb an der Mauer herunter, ganz vorsichtig.
Unter unserem Fenster sind keine Wachen."
„Ich möchte aber lieber bei dir bleiben!"
„Das geht nicht. Ich will nicht, dass mein Vater dich tötet.
Vielleicht lässt er dich schon suchen ..."

Da binden sie zusammen das Seil ganz fest an eine Säule, und das andere Ende wird am Korb verknotet.
Sie lassen den Korb aus dem Fenster.
Vorsichtig klettert David hinein und langsam, langsam lässt Michal David an der Mauer herunter.

Unten winkt er noch einmal und läuft dann schnell davon.
Michal wendet noch schnell einen Trick an.

Sie legt in Davids Bett eine große holzgeschnitzte Figur und deckt sie zu. Um den Kopf wickelt sie ein kleines Ziegenfell. Das ist rötlich und voller Locken, fast wie Davids Haare.
Sie ahnt schon, was kommt.

„Trapp ... Trapp ... Trapp ..."
Sie hört Schritte auf dem Flur.
Schritte von Soldaten.
Es sind die Soldaten des Königs.
Sie suchen David.
Sie klopfen an ihre Tür.
„Ja, was ist?", fragt sie und schaut ganz unschuldig drein.
„David soll sofort zum König kommen! Befehl!"
Michal lächelt ganz sanft und lieb und sagt:
„Ach, das tut mir so Leid. David hat sich eben ins Bett gelegt.
Er ist krank."
„Stimmt das?"
„Ja! Schaut nur, dort liegt er in seinem Bett."
Sie deutet auf die Stelle, wo die Holzfigur liegt.

„Ja, er liegt im Bett", sagt der Hauptmann, wir müssen es dem König sagen."
„Trapp ... Trapp ... Trapp ..."
Sie marschieren durch die Flure des Schlosses zum König zurück.
Das dauert eine ganze Weile
und David hat dadurch einen Vorsprung.

„Was???", brüllt König Saul.
„David ist krank???
Das ist mir egal! Schafft ihn her. Tot oder lebendig!"
„Trapp ... Trapp ... Trapp ..."
marschieren die Soldaten wieder davon.

Wieder klopfen sie an Michals Tür.
„Was ist denn jetzt schon wieder los?"
„Wir müssen David mitnehmen, auch wenn er krank ist.
Wenn's nicht anders geht, tragen wir ihn zum König."
Michal sagt nichts mehr.
Sie schaut zu, wie sie die Bettdecke zurückschlagen, wie sie keinen David finden, sondern eine geschnitzte Holzfigur, sie schaut zu, wie der Hauptmann einen Wutanfall kriegt und einen knallroten Kopf, und sie lacht einfach.
Weil sie die Tochter des Königs ist, dürfen die Soldaten ihr nichts tun.

David ist auf jeden Fall in Sicherheit.
Darüber ist sie sehr froh.
Nur König Saul, der tobt und schlägt alles zusammen.
Vor lauter Wut.
Aber er kann nichts machen.
David ist weg.
Er versteckt sich, wo ihn niemand finden kann.

David nimmt Abschied von Jonatan

Als Jonatan hörte, David wäre geflohen, hat er sich furchtbar aufgeregt.
Er hat sich schrecklich alleine gefühlt ohne seinen Freund.
Überall waren sie zusammen hingeritten, so viele Abenteuer hatten sie gemeinsam erlebt.
Michal hat ihrem Bruder alles erzählt und geweint.
Jonatan hat auch geweint.
„Dass unser Vater so böse ist und David töten will …!
Das kann ich gar nicht verstehen!
David hat ihm gar nichts getan!"
„Genau!"

„Unser Vater ist ein richtiger Mistkerl!"
„Mistkerl … so was sagt man nicht!
Schon gar nicht, wenn man ein Prinz ist."
„Ich sag das doch, weil er meinen Freund umbringen will.
Den besten Freund, den ich je hatte!"

„Unser Vater ist krank im Kopf!"
„Das stimmt."
„Erst hat er immer so Wutanfälle gekriegt, und jetzt noch so was …
Ich werde noch einmal mit ihm reden."
„Gut."

Jonatan hat Michal in den Arm genommen und gesagt:
„Sei nicht traurig, irgendwann wird alles gut."
Dann ist er zum Vater gegangen.
Der ist auf seinem Thron gesessen und hat sich wütend umgeschaut.

„Was willst du hier!?“, hat er Jonatan angeschrien.
„Bist du eigentlich ein Riesendummkopf?“
„Wieso?“, hat Jonatan gefragt.
„Hast du nicht gemerkt, dass die Leute den David fast noch lieber mögen als dich?“
„Hast du nicht gemerkt, wie sie ihm alle zugejubelt haben, wenn ihr zusammen durch die Dörfer geritten seid?“
„Mir haben sie doch auch zugejubelt.“
„Aber nicht so viel wie David ... Meine Diener haben es beobachtet.“
„Und wenn schon. Ist mir doch egal!“
„Begreifst du nichts???
Am Ende wollen sie David als König.“
„Na und? Ist mir doch egal. Dann sind wir eben beide König und regieren zusammen. David ist mein allerbester Freund auf der ganzen Welt.“
„Hör auf!!!“, hat König Saul seinen Jungen angeschrien, „wage es bloß nicht, Davids Namen in meiner Gegenwart zu erwähnen.
Dann bringe ich dich um!“
Jonatan hat keine Angst vor seinem Vater gehabt und einfach gesagt:
„Du bringst mich nicht um.“
Und dann ist er aus dem Saal gegangen.

(Vielleicht hat er sogar noch fest die Tür zugeschlagen.)

König Saul hat zu seinen Dienern gesagt:
„Von jetzt an darf Jonatan niemals mehr alleine irgendwohin gehen.
Er trifft sich sonst heimlich mit David.
Und wenn, dann schnappt ihr den David und bringt ihn hierher, damit ich ihn töten kann.
Das ist ein Befehl!!!“
„Ja, wir verstehen.“
Die Diener sind sofort losmarschiert.

Sie sind Jonatan auf Schritt und Tritt gefolgt.
„Was wollt ihr eigentlich hier?", hat Jonatan gefragt, als die Diener immer und überall hinter ihm hergelaufen sind.
„Wir müssen dich überallhin begleiten.
Befehl vom König."
„Wegen David?"
„Ja."
„Das hätte ich mir gleich denken können."
Von da an war Jonatan sehr vorsichtig.

David hat schreckliches Heimweh gehabt nach Michal, seiner Frau, und nach Jonatan, seinem allerbesten Freund.

Zum Glück hat er einen Bauern gekannt, und der Bruder von dem Bauern war Diener im Schloss.
„Kannst du für mich ein Briefchen ins Schloss schmuggeln lassen, sodass es niemand merkt?"
„Klar kann ich das. Mein Bruder wird es Jonatan, dem Kronprinzen, zustecken. Keine Menschenseele wird was mitkriegen!!!"

Da hat David sich sofort hingesetzt und geschrieben:
„Lieber Jonatan, mein Freund, ich möchte dich so gerne treffen.
Überleg dir, wie wir es anstellen können.
Bitte, denk dir einen Plan aus.
Ich warte auf deine Antwort.
Dein bester Freund auf der ganzen Welt.
David."

Jonatan hat sich gefreut, dass er etwas von David gehört hat.
Schnell hat er sich einen Plan ausgedacht und dem gleichen Diener einen Brief mitgegeben.

David hat den Brief gelesen.
Endlich! Endlich ein Lebenszeichen von Jonatan!

Da stand geschrieben:
„Lieber David. Ich werde Tag und Nacht bewacht.
Wenn ich mich mit dir treffe, bist du in großer Gefahr.
Deshalb habe ich einen Plan.
Geh *(er hat genau geschrieben, an welchem Tag und um wie viel Uhr)*
zum roten Felsen.
Versteck dich da, wo wir uns so oft getroffen haben.
Aber komm erst auf mein Zeichen heraus.
Und das ist das Zeichen:
Ich werde zu den Dienern sagen:
‚Ich will mal etwas mit Pfeil und Bogen schießen. Nur so zum Üben.'
Und dann schieß ich.
Die Diener müssen meine Pfeile einsammeln.
Das mache ich ganz lange, damit sie richtig rennen müssen und
müde werden.
Wenn sie ganz müde sind, dann sag ich ihnen: ‚Geht schon mal
voraus zu den Pferden. Ich komme gleich nach.'"

Und so ist es auch passiert. Die Diener sind zuerst misstrauisch gewesen. Aber dann haben sie gedacht: „Ach, der Prinz wollte ja wirklich nur schießen, und außerdem ... hier in der Wüste ist keine Menschenseele weit und breit. David schon gar nicht. Wir können ruhig schon vorgehen zu den Pferden und uns etwas ausruhen."

Und so sind sie weggegangen.
Jonatan aber ist, als sie verschwunden waren, sofort in das Versteck gerannt, das nur sie beide kannten. David ist schon dagewesen, und sie haben sich in den Arm genommen und beide geweint.

Sie konnten kaum aufhören mit Weinen.
Sie haben schon geahnt, dass sie sich vielleicht nie mehr wiedersehen.
„Wir schwören uns ewige Treue!", haben sie beide gesagt.

„Niemals mehr werde ich einen Freund haben wie dich!"
„Mir geht es ganz genauso."
„Und wenn wir uns hier auf der Erde nie mehr sehen würden,
wenn wir beide gestorben sind, dann werden wir uns im Himmel wiedertreffen.
Und dann werden wir immer noch Freunde sein.
Unsere Freundschaft wird niemals aufhören."
Das heißt „ewige Treue".

Dann ist Jonatan traurig zurückgeritten ins Schloss.
Da hat er Michal erzählt, dass es David gut ging.

David, der viele Psalmen (Gedichte und Gebete an Gott) geschrieben hat,
die man heute noch in der Bibel lesen kann,
der ist sehr, sehr traurig gewesen.
Aber er war froh, dass er Jonatan getroffen hatte.
Denn einen guten Freund zu haben, das ist ganz, ganz toll.
Das ist wie ein Geschenk vom Himmel.

V.

Der weise Salomo

Der kluge kleine Prinz

Als der kleine Salomo auf die Welt gekommen ist, haben sich alle gefreut.
Er ist im Schloss geboren.
Das Schloss hat seinem Vater David gehört.
Er hat gelebt, wie ein kleiner Prinz vor fast 3000 Jahren eben gelebt hat.
Alles, was er sich gewünscht hat, hat er haben können.
Wenn er in seine kleinen Hände geklatscht hat, sind die Diener angerannt gekommen und haben ihn gefragt:
„Was wünschst du, kleiner Prinz?"
Und was er sich dann gewünscht hat, das hat er auch gekriegt.
Das hat ihm gut gefallen.
So was würde jedem Kind gut gefallen, oder?

Am liebsten auf der Welt hatte er Pferde.
Und seine Mama natürlich.
Für den kleinen Salomo ist sie die schönste Frau
auf der ganzen Welt gewesen.
Seine Mama hat ihm noch besser gefallen als seine vielen Pferde.
Das kann man ja verstehen.

Aber Pferde hat er sehr gemocht, er hat gar nicht genug davon haben können.
Zuerst hatte er sicher Ponys.
Das ist praktisch gewesen, denn er hat mit seinen kleinen Beinchen besser draufklettern können.
Aber dann hat er schnell auch größere Pferde gekriegt.
Die hat er genauso schön gefunden
Und genauso gern gehabt wie vorher seine Ponys.
Diese Liebe zu Pferden hat auch nicht aufgehört,
als er erwachsen gewesen ist und ein König.

(Du kannst, wenn du mal in den Ferien mit deinen Eltern nach Israel fliegen solltest, die Ruinen von „König Salomos Pferdeställen" besichtigen.)

Der kleine Salomo ist ein schlaues Kind gewesen.
Er hat genau aufgepasst, was um ihn herum passiert ist.
Besonders hat er auf das geachtet, was sein Vater, der König, gemacht hat.
König David ist fromm gewesen und hat an Gott geglaubt.
Er hat gesungen und Gedichte geschrieben.
Die hat er „Psalmen" genannt.
Diese Psalmen kann man noch heute in der Bibel lesen.
Außerdem ist der König, der Vater vom kleinen Prinzen Salomo,
tapfer und stark gewesen und ein guter Kämpfer.
Er ist gerecht gewesen zu seinem Volk.
Das alles hat Salomo beobachtet, obwohl er noch ein Kind gewesen ist.

Und dann hat der junge Salomo eines Nachts diesen Traum gehabt.
Dieser Traum ist anders gewesen als alle anderen Träume.
In diesem Traum hat Gott mit ihm gesprochen.
Gott hat Salomo, den Prinzen, gefragt: „Was wünschst du dir, wenn du selber einmal König von Israel bist?
Du kannst dir von mir wünschen, was du möchtest."
Salomo hat nachgedacht. – Dann hat Gott wieder gesprochen.
„Möchtest du vielleicht ganz berühmt werden???
Oder ganz, ganz reich? Was wünschst du dir am meisten?"
Salomo hat wieder überlegt. –
„... Ach, wir haben schon genug, wir sind schon reich genug.
Und berühmt werden, das ist nicht so wichtig ..."
Und zu Gott hat er gesagt: „Jetzt weiß ich, was ich mir wünsche!
Ich möchte so klug sein wie mein Papa.

(Weise steht in der Bibel, aber das ist das Gleiche.)

Und so fromm möchte ich sein wie mein Vater, der König.
Aber vor allen Dingen möchte ich gerecht werden.
Ich kann nämlich keine Ungerechtigkeiten leiden. Nie ...
Ja, das wünsche ich mir, wenn ich groß bin:
Klug und fromm und gerecht möchte ich sein."

Da hat Gott gelächelt und gesagt:
„Salomo, weil du dir keinen Reichtum und keinen Ruhm gewünscht hast,
sondern Weisheit und Frömmigkeit und Gerechtigkeit,
wird dein Wunsch erfüllt werden.
Und außerdem wird mein Geschenk an dich sein,
dass du reich wirst und ganz berühmt.
Das schenke ich dir dazu!"

Das hat Salomo gefallen und er hat „Danke, Gott" gesagt.
Und er hat irgendwie auch gewusst,
dass das gar kein Traum gewesen ist,
sondern dass Gott wirklich mit ihm gesprochen hatte.
Natürlich ist er noch frommer geworden.
Kein Morgen- und kein Abendgebet hat er ausgelassen.
Und dann hat er sich vorgenommen:
„Wenn ich König bin, werde ich für Gott einen Tempel bauen.
In Jerusalem.
Den schönsten Tempel, den es je gegeben hat.
Nach den Plänen, die mein Vater, König David, schon im Schrank liegen hat.
„Innen", hat er sich ausgedacht, „innen soll alles von Gold und Silber sein.
Und auf den Altar lasse ich dann die Bundeslade stellen.
Den goldenen Kasten mit den zwei Steintafeln,
in die die 10 Gebote eingemeißelt sind.
Die sind das Heiligste, was wir haben."

(Sie stammen ja noch von Mose und sie sind schon vor vielen, vielen Jahren von meinem Volk 40 Jahre lang durch die Wüste getragen worden, damals, als sie aus Ägypten, aus der Gefangenschaft gekommen sind und Mose sie nach Israel geführt hat.)

O ja, dieser Tempel wird wunderschön werden …
Muss er!"

Dann ist Salomo groß geworden.
Er ist kein Prinz mehr gewesen, sondern der König.
Er hat das Land regiert.
Er ist wirklich fromm gewesen und klug und gerecht, und alle seine Untertanen haben das weitererzählt.
Ganz reich ist er geworden.
Aus fernen Ländern sind schöne Prinzessinnen gekommen,
nur um ihn zu sehen,
und sie haben ihm Gold und Silber und Perlen und Edelsteine mitgebracht.
Sie sind glücklich gewesen, dass sie ihn sehen konnten.
So hat Gott Salomo gesegnet.

Zwei Mütter streiten um ein Baby

Eines Tages ist das mit den beiden Frauen passiert.
Jede hatte ein Baby.
Sie haben nebeneinander geschlafen.
Vielleicht waren sie Freundinnen oder gute Nachbarinnen.
Eines Nachts hat die eine gemerkt, dass ihr Baby nicht mehr geatmet hat.
Ganz still hat es dagelegen und sich nicht mehr bewegt.
Sie hat einen Schreck bekommen und gemerkt, dass ihr Baby tot war.
Sie hat den anderen kleinen Jungen angeschaut, der da lebendig im Arm seiner Mama lag und einen Plan gefasst.
Einen gemeinen Plan.
Ganz, ganz leise hat sie der anderen Mutter das Baby aus dem Arm genommen und dann ihr totes Kind hineingelegt.
Sie selber hat jetzt das lebendige Baby gehabt.
Sie hat ihren Plan gut gefunden und dann ist sie eingeschlafen.

Am Morgen ist es losgegangen.
Die andere Mutter ist aufgewacht, hat ihr Kind angeschaut und gemerkt, dass es tot war.
Ganz laut hat sie geschrien.
„Mein Kind ist tot!!!"
Als sie genauer hingeschaut hat, hat sie gemerkt:
„Das ist ja gar nicht mein Baby!
Ich kenne doch mein Kind!"
Und als sie die andere Frau gesehen hat, da hatte die ihr Kind auf ihrem Arm.
„Los, gib mir sofort mein Baby her!", hat sie geschrien, „sonst kannst du was erleben!

Du hast mir heute Nacht dein totes Baby in den Arm gelegt und mir meins weggenommen!!!
Los, gib mir sofort mein Baby zurück!!!"
„Fällt mir nicht ein!
Das hier ist mein Kind. Deins ist tot."
„Du lügst!"
„Nein, du lügst. Wie kannst du beweisen, dass das dein Baby ist!?"
Und sie hat das Baby ganz fest gehalten.
Die richtige Mutter hat geweint und geschrien, aber sie hat nichts machen können.
Sie hat geschrien und geschrien und dann hat die andere Mutter auch angefangen zu schreien und alle Leute sind zusammengelaufen.
Die falsche Mutter hat die Lügengeschichte rumerzählt, und die richtige Mutter hat gerufen: „Das stimmt überhaupt nicht!"
Die Leute haben nicht gewusst, wer Recht hat.

Dann ist einem die Idee gekommen.
„Los, wir bringen die beiden Mütter zu Salomo, dem jungen König.
Der ist so klug und weise.
Und außerdem ist er ganz gerecht.
Er ist der Einzige, der uns helfen kann.
Er ist auch der Einzige, der die Wahrheit herausfinden wird.
Ganz bestimmt.
Und er wird ein Urteil sprechen."

Die beiden Mütter schrien immer noch.
Am lautesten schrie die, die das lebendige Baby im Arm hatte.
Das Baby, das nicht ihres war,
das Baby, das sie der anderen Mutter weggenommen hatte.

(Das ist oft so. Wenn man weiß, dass man Unrecht hat, dann schreit man am lautesten.)

„Seid mal einen Augenblick still!", riefen die Leute, „wir wollen euch einen Vorschlag machen."
„Was für einen Vorschlag?"
„Wir gehen jetzt alle zusammen zu König Salomo.
Dem erzählt ihr alles,
er wird schon irgendwie die Wahrheit herausfinden.
Er ist klug.
Und dann wird er ein gerechtes Urteil fällen."

Zuerst wollten die Frauen nicht zum König gehen.
Besonders die, die das Baby geklaut hatte, wollte nicht.
Aber dann wurden sie überredet,
und am Ende waren beide einverstanden.
Bald darauf standen sie vor den Wachen am Tor des Palastes.
Ganz vorne die zwei Frauen,
eine mit einem lebendigen
und eine mit einem toten Baby im Arm,
und dahinter die Menschenmenge aus ihrem Dorf.
„Hoffentlich kann der junge König wirklich die Wahrheit herausfinden!", sagte einer.
„Ja, das wird er", sagte ein anderer.
Denn er ist von Gott gesegnet.
Und wer von Gott gesegnet ist, der weiß mehr als andere."

König Salomos Weisheit

„Was ist das für ein Radau?"
„König, draußen vor der Tür stehen zwei Mütter.
Eine hat ein totes Baby im Arm, die andere ein lebendiges."
„Und was macht die ganze Menschenmenge da?"
„Das sind die Nachbarn und die Leute aus dem Dorf.
Sie haben gesagt, du wärst der Einzige, der jetzt noch helfen könnte."
„Warum?"
„Beide Mütter sagen, das lebendige Baby wäre ihr Baby, und das tote Baby gehörte der anderen."
„Beide behaupten dasselbe."

„Öffnet den Thronsaal und lasst sie hereinkommen!"
Der schöne junge König stand auf von seinem goldenen Thron.
Seine Krone war mit Edelsteinen verziert und funkelte in der Sonne.
Das Gesicht war wunderschön und freundlich und voller Mitgefühl.

Die Leute verneigten sich vor ihm. Sie schoben die beiden Frauen nach vorne.
„Wir wissen, König Salomo, dass Gott dir Klugheit und Weisheit ins Herz gegeben hat und dass du gerecht bist. Bitte, hilf uns herauszufinden, welche von den beiden Müttern die Wahrheit spricht und welche Mutter lügt."

„Kommt her und erzählt mir eure Geschichte.
Eine nach der anderen."
Beide Mütter haben geweint und geschrien, und die Tränen sind nur so über ihre Gesichter gelaufen.
Und jede von ihnen hat genau dasselbe gesagt:
„König, heute Nacht ist das Baby der anderen Mutter gestorben, da hat sie mir heimlich meins aus dem Arm genommen und gesagt, das wäre ihr Kind."
Wem sollte der König glauben?

„Ich werde schon herausfinden, wer die richtige Mutter ist", hat er sich heimlich gedacht und einen Soldaten gerufen.
„Hol dein Schwert", hat er zu dem Soldaten gesagt, „hol dein Schwert und zerteile das lebendige Baby in zwei gleiche Hälften.
Dann gib jeder Mutter eine Hälfte."
„Was???"
„Du hast mich richtig verstanden."
Der Soldat hat einen Schreck gekriegt.
Die Leute sind entsetzt gewesen, als sie das gehört haben.
„Was ist denn mit unserem König los?"

Die beiden Mütter haben sehr verschieden reagiert.
Eine hat gesagt: „In Ordnung, ich bin damit einverstanden.
Der Soldat soll es mit seinem Schwert in der Mitte zerteilen.
Dann hat jede von uns eine Hälfte von dem Kind.
König, du bist wirklich gerecht!"

(So was kann ja nur jemand sagen, der nicht die richtige Mama ist.)

Die andere Mutter hat leise gesagt:
„Nein, König, um Himmels willen!
Das Baby darf doch nicht umgebracht werden!!!
Es muss am Leben bleiben!
Dann gib es lieber der anderen Frau.
Das ist immer noch besser, als wenn es tot wäre!"
Und dabei hat sie ganz schrecklich weinen müssen.

Der König hat zu ihr hingeschaut.
„Höre auf zu weinen!", hat er gesagt, denn jetzt weiß ich, dass du die richtige Mutter bist.
Du wolltest, dass das Baby auf jeden Fall am Leben bleibt.
Dafür wolltest du es sogar der anderen Frau lassen."

„Und jetzt", hat er zu der falschen Mutter gesagt, „gib das Kind sofort seiner Mutter zurück!
Du bist die gewesen, die gelogen hat.
Du warst sogar damit einverstanden, dass das Baby in zwei Hälften geteilt und so getötet wird.
Keine Mutter auf der ganzen Welt wäre mit so etwas einverstanden. –
Jetzt hast du dich selber verraten.
Du bist richtig gemein gewesen!"
Da hat die Frau den Kopf gesenkt.
„Ja, es stimmt."

Die andere hat ihr Baby überglücklich in die Arme genommen.
Und wieder geweint.
Diesmal vor Freude.
Sie hat geweint und gelacht zur gleichen Zeit.
Sogar das Baby hat gelacht, weil es wieder bei seiner Mama gewesen ist.

Alle haben Beifall geklatscht, weil der König so klug gewesen war.

(Die Idee mit dem Soldaten und dem Schwert und dem Baby-Zerteilen,
das war ja nur ein Trick gewesen.
Der hatte gewirkt.
In Wirklichkeit hätte Salomo niemals ein Baby umbringen lassen.)

Von da an sagten noch mehr Leute:
„Wir haben den klügsten und gerechtesten König auf der ganzen Welt."

Die falsche Mutter hat sich geschämt
und ihr totes Baby begraben und viele Blumen auf sein Grab gepflanzt.

VI.

Neue Jesus-Geschichten

Jesus und Zachäus

Wenn man kleiner ist als andere, fühlt man sich manchmal nicht so gut.
Kinder wissen das.
Manchmal sind auch Erwachsene etwas kleiner als die anderen.
Dann sagen die Größeren zu ihnen:
„Was willst du schon, du Kleiner, hau ab!"
Oder:
„Du bist kleiner als wir, wir können dich verprügeln, wenn wir wollen.
Also halt bloß deinen Mund!"

Bei Gott, da sind die Kleinen genauso wichtig wie die Großen.
Für Gott ist es nämlich überhaupt nicht wichtig, wie einer aussieht.
Gott, der macht keine Unterschiede zwischen Kleinen und Großen.
Er schaut den Menschen mitten ins Herz!
Und Gott weiß, dass man erst dann einen Menschen richtig kennt,
wenn man sein Herz kennt. Jesus kann das auch.
Er kann auch den Menschen ins Herz sehen. Jesus ist ja der Sohn von Gott.

Damals, als Jesus gelebt hat und durch das Land gewandert ist, ist einmal etwas passiert, das auch mit einem „Kleinen" zu tun hatte.
Einem kleinen Mann.
Dieser kleine Mann hieß Zachäus.
Er wohnte in Jericho, da wo der Jordanfluss vorbeifließt und immer die Sonne scheint, und wo auf den Palmen zuckersüße Datteln wachsen.
Zachäus ist ein Zollbeamter gewesen, denn da in Jericho war eine Grenzstation.
Da hat er für die Römer gearbeitet.
Er war fleißig und schlau und außerdem so etwas wie ein Gangster.
Die römischen Soldaten fanden das gut, und so ist Zachäus nur kurze Zeit ein normaler Zöllner gewesen.

Sehr schnell ist er zum Oberzöllner ernannt worden und ein reicher Mann geworden.
Was er gearbeitet hat?
Die Leute, die eingekauft hatten und heim wollten, die mussten alle bei ihm vorbei. Alles mussten sie herzeigen. Alle Taschen mussten sie ausschütten.
Und Zachäus hat die Sachen angeschaut und gesagt:
„Oh, das kostet sehr viel Zoll! Her mit dem Geld!"
„So viel haben wir nicht", haben die Leute oft gesagt, und es hat auch gestimmt. Aber es hat ihnen nicht geholfen.
Zachäus hatte kein Mitleid. Auch wenn jemand 10 Kinder zu Hause hatte und Brot und Fleisch eingekauft hatte, damit die Kinder nicht hungern mussten.
Sie mussten bezahlen, oder er hat ihnen die Sachen weggenommen.
Da sind die Leute sehr wütend geworden. Und traurig.
Aber sie haben nichts tun können.
Zachäus, der kleine Oberzöllner, der Gauner, hat kassiert.
Einen Teil von dem Geld hat er abliefern müssen.
Das haben die römischen Soldaten sofort mitgenommen.
Das meiste aber hat er in seine eigene Tasche gesteckt.

So ist Zachäus sehr reich geworden.
Er hat sich ein schönes Haus gekauft mit einem großen Garten und mit einem Swimmingpool und einem Springbrunnen.
„So", hat er sich gedacht, „ich bin klein,
und ihr lacht mich manchmal aus deswegen.
Ha, jetzt zeig ich's euch!
Ich nehme euch euer Geld weg oder die Sachen.
Und ihr könnt gaaar nichts dagegen machen!"

Fröhlich war er aber trotzdem nicht.
Ein Kind, das ganz, ganz viele Spielsachen hat, aber keinen einzigen Freund, das ist auch nicht fröhlich.

Bei Erwachsenen ist das nicht anders.
Allein sein und keinen Freund haben ist nicht schön. Da hilft der ganze Reichtum nichts und auch keine Villa mit Garten und Swimmingpool und Springbrunnen.
Zachäus, der kleine Mann, ist tief in seinem Herzen ganz traurig gewesen.

Eines Tages hat es auf der Straße einen Menschenauflauf gegeben.
Gar nicht weit von der Zollstation entfernt.
Alle haben durcheinander geschrien. Zuerst hat Zachäus gar nichts verstehen können, aber dann hat er immer wieder einen Namen gehört.
„Jesus", hat er gehört.
Und: „Jesus kommt hier vorbei!"
Zachäus hatte schon mal mitbekommen, wie Leute über einen sprachen, der Jesus hieß.
Jesus wäre gut zu allen Menschen, hatten sie gesagt.
Jesus hätte Kinder gerne.
Jesus könnte Kranke gesund machen.
Wenn Jesus da wäre, dann wären die Menschen immer ganz glücklich.
Das hat ihn interessiert.

„Kommt Jesus wirklich hier vorbei?", hat er jemand gefragt,
und der hat gerufen: „Natürlich kommt er vorbei!
So eine Frage!"
Da hat Zachäus schnell seine Zollstation abgeschlossen und ist zu der Straße gerannt, wo die vielen Leute schon auf Jesus warteten.

Sehr viele Menschen standen da.
An beiden Seiten der Straße.
Zachäus konnte nichts sehen.
Auch nicht, wenn er sich auf die Zehen stellte.
„He, lasst mich durch!", hat er gerufen, „lasst mich nach vorne!
Hier hinten kann ich gar nichts sehen!"

„Geschieht dir recht!", haben die Leute gesagt,
„dann kannst du eben nichts sehen!
Dich durchlassen? So weit käm's noch!"
„Wieso sollen wir mit dem Kerl Mitleid haben?", haben sie zueinander gesagt.
„Hast du Mitleid mit uns, wenn wir an deiner Zollstation vorbei müssen und das viele Geld nicht bezahlen können?"
Da konnte Zachäus nichts machen. Kein Einziger in der ganzen Menschenmenge konnte ihn leiden. Keiner ist auch nur ein Stückchen für ihn zur Seite gerückt. Zachäus hat sich schlecht gefühlt, aber er ist nicht nach Hause gegangen.
Nein, er wollte Jesus sehen. Unbedingt.

Und dann hatte er die Superidee.

(Kleine haben oft Superideen.)

Zachäus ist schnell auf einen Baum geklettert. Auf einen Maulbeerbaum.
Der stand in der Nähe der Straße, und die Zweige reichten bis über die Straße.
Erst ist Zachäus den Stamm hinaufgeklettert, dann hat er sich vorsichtig auf einen dicken Ast gesetzt und ist langsam, langsam immer weiter nach vorne gerutscht, bis er zum Schluss über den Köpfen der anderen Leute in der Luft schwebte und einen herrlichen Ausblick hatte.
Er ist sogar noch ein Stückchen weiter gekrabbelt und hat genau auf die Straße hinunterschauen können. Super!

Bald darauf ist Jesus gekommen. Mit seinen Jüngern und seinen Freunden.
„Bravo!", haben die Leute am Straßenrand geschrien, und sie haben wie wild in die Hände geklatscht. Sie fanden es toll, dass Jesus bei ihnen vorbeikam.
Mitten auf der Straße ist Jesus auf einmal stehen geblieben.
Genau unter Zachäus, der sich an seinem Zweig festhielt.
Zachäus' Herz klopfte wie wild.
Er war furchtbar aufgeregt, dass er so dicht bei Jesus war.

Jesus ist einen Moment dagestanden, und dann hat er in die Höhe geschaut.
Da blickte ihn Zachäus, der Oberzöllner, an, mitten aus all den grünen Blättern.
Bestimmt ist er rot geworden, als Jesus ihm ins Gesicht geschaut hat.
Vielleicht ist es ihm peinlich gewesen.
Aber Jesus fand nichts peinlich. „Zachäus", hat er gesagt.
„Was? ... Der kennt meinen Namen?", hat Zachäus erschrocken gedacht.
„Und ... woher hat er denn gewusst, dass ich hier oben im Baum sitze?
Jesus ist ja genau unter mir stehen geblieben! ...
Er weiß ja wirklich mehr als andere! ..."
Jetzt haben schon alle Leute nach oben geschaut.
„So ein blöder Kerl", haben sicher einige gedacht, „ist ein Oberzöllner und hockt wie ein kleiner Junge in einem Baum! Schämt der sich denn gar nicht?
Was soll Jesus denn zu so einem sagen?!?"
Jesus hat Zachäus angelacht.
Da hatte der keine Angst mehr und er hat all die vielen Leute unten auf der Straße vergessen. Er hat auch gelacht.
„Ich hätte einen Vorschlag", hat Jesus zu Zachäus gesagt, „komm schnell vom Baum herunter, dann gehen wir zusammen zu dir nach Hause. Ich hätte nämlich gerne, dass du mich und meine Freunde zum Abendessen einlädst!"
„Du willst mich besuchen?
In meinem Haus?"

(Und dabei hat er sicher an sein wunderschönes großes Haus denken müssen, das immer so furchtbar leer war, weil niemand zu Besuch kam.)

„Ja", hat Jesus gesagt, „in deinem Haus möchte ich heute Abend gerne sein."
„Juhu!", Zachäus war vor Freude ganz aus dem Häuschen.
In Windeseile ist er auf seinem Ast zurückgekrabbelt und dann am Baumstamm heruntergeklettert. Die letzten Meter ist er gesprungen. So hat er sich gefreut.
Als Jesus ihm die Hand gegeben hat und die beiden dann zusammen dahin gegangen sind, wo Zachäus sein Haus hatte, da haben sich die anderen Leute furchtbar geärgert.

Erstens waren sie neidisch, dass Jesus nicht bei ihnen zu Abend essen wollte, und zweitens fanden sie es ganz schlimm, dass er ausgerechnet mit so einem, einem Oberzöllner, einem Obergangster, heimgegangen ist.
„Und wir haben gedacht, Jesus wäre ein Heiliger! So was!
Jetzt macht er nicht mal einen Unterschied zwischen guten und frommen Leuten und solchen Betrügern. Jetzt essen sie noch zusammen Abendbrot.
Vielleicht sind bei dem Gauner Zachäus noch mehr von der Sorte.
Dass Jesus so was tut!"
Die Menschen haben den Kopf geschüttelt und sind wütend weggegangen.

Was sie nicht gewusst haben: Jesus verändert die Menschen, die er trifft.
Aus den schlimmsten Bösewichten können Heilige werden.
Bei Zachäus hat das „Verwandeln" angefangen, als Jesus ihn so liebevoll und freundlich angeschaut hatte. Ihn, den kleinen Mann da oben im Baum.
Sein Herz ist ganz weich geworden. Und er hat angefangen, Jesus sehr gern zu haben. Zu Hause beim Essen war er schon ganz verwandelt.
„Jesus", hat er gesagt, „ich muss dir was sagen. Was Wichtiges!" „Ja?"
„Jesus, die Hälfte von allem, was ich besitze, werde ich den Armen geben.
Und die, denen ich zu viel Geld abgenommen habe an der Zollstation, denen gebe ich alles zurück. Das Doppelte gebe ich ihnen zurück!"
Da konnte man merken, dass der kleine Zachäus kein Gauner mehr war.
Er hatte ein neues Leben angefangen. Ein gutes Leben.
„Das ist toll", hat Jesus gesagt, ab heute wird bei dir alles anders und alles gut werden, und das Glück hat Einzug gehalten in deinem Haus."

(„Heil" hat Jesus gesagt, das ist dasselbe wie Glücklichsein.)

Und Zachäus ist glücklich gewesen.
So sehr, wie noch niemals vorher in seinem Leben.
Sie haben noch ein schönes Fest gefeiert und Braten gegessen und Wein getrunken, und gelacht und gesungen, die ganze Nacht.

Die Versuchung Jesu

Wir alle haben schon Gottes Stimme gehört.
Die gute leise Stimme, die uns sagt:
„Schenk etwas her!"
„Sei lieb!"
„Hilf der Mama!"
„Verzeih jemand, der dir etwas Böses getan hat!"
„Bete, sprich mit mir, ich hab dich lieb ...!"

Wir kennen aber auch die andere Stimme.
Die Stimme, die oft ganz laut sagt:
„Nimm dem anderen was weg, dann hast du mehr!"
„Sei frech, lass dir nie was gefallen!"
„Wenn die Mama etwas sagt, tu so, als ob du es nicht gehört hättest!"
„Geh nicht in die Kirche!"

Das ist nicht Gottes Stimme.
Das ist die Stimme des Bösen.
Christen nennen das Böse Teufel.
Und wenn der uns etwas sagt, was nicht gut ist, dann nennen wir das eine Versuchung. Er „versucht", uns zu überreden.

Auch Jesus hat er überreden sollen.
Deswegen heißt eine Geschichte in der Bibel:
DIE VERSUCHUNG JESU.
Jesus ist ein Kind gewesen wie ihr.
Dann ist er erwachsen geworden, so wie ihr einmal erwachsen werdet.
Und auch er hatte die beiden Stimmen, die gute Stimme Gottes, und die böse Stimme des Teufels, gehört.

Beide Stimmen haben zu ihm gesprochen,
genauso wie sie manchmal zu uns sprechen.

Einmal ist Jesus in die Wüste gegangen.
Da hat er gebetet und über Gott, seinen Vater, nachgedacht.
Die Zeit ist ihm wie im Fluge vergangen.
Es ist schön in der Wüste. Ganz still. Da kann man gut beten.
40 Tage ist Jesus da geblieben.
Viel zu essen hat er nicht dabei gehabt.
Er wollte ja auch fasten.
Nach 40 Tagen ist nichts mehr übrig gewesen.
Kein Krümelchen Brot, kein Tröpfchen Wasser.
Da hat Jesus schrecklichen Hunger gehabt. Und Durst.
Er hat nur noch eines denken können: „Brot, Brot ... ach hätt' ich nur ein Stückchen Brot ... und ein Schlückchen Wasser."
Und da – genau in diesem Augenblick – hört er die Stimme, die Stimme, die nicht von Gott ist.
Die Stimme des Teufels, des Bösen ist es, die nun versucht, Jesus zu überreden.

Zuerst fängt es ganz harmlos an.
Das ist hinterlistig.

> „Du, Jesus, du hast Hunger, stimmt's?",
> sagt die Stimme. „Ja."
> „Dann zaubere doch einfach mal was!
> Verwandle Steine in Brot. Oder kannst du das nicht?"
> „Kann ich schon. Aber Gott ist mein Vater.
> Er hat mich zu den Menschen geschickt.
> Ich bin kein Zauberer."
> „Aber du hast Hunger. Brot ist jetzt für dich das Wichtigste auf der ganzen Welt!"
>
> *(So etwas kann nur jemand verstehen, der wirklich Hunger hat.)*

Jesus hat Hunger. Brot ist für ihn furchtbar wichtig.
Jetzt.
Er will ja nicht verhungern und sterben.
„Ja, es kommt mir so vor", denkt Jesus,
„dass die Stimme des Bösen Recht hat.
Aber es stimmt nicht. Es stimmt überhaupt nicht!"
Und Jesus schüttelt den Kopf und sagt:
„Das Wichtigste auf der Welt ist Gott!"

Da ist die böse Stimme ruhig.
Jesus ist nun schon so lange alleine in der Wüste. Da kommen einem viele Gedanken. Er überlegt so, was er alles tun könnte, dass die Menschen richtig ausflippen und ihm zujubeln würden.

Die riesige Tempelmauer fällt ihm ein. Die Tempelmauer in Jerusalem, wo so viele Leute beten.

(Bis heute beten da viele Menschen …)

In diesem Augenblick hört Jesus wieder die böse Stimme.
Sie sagt zu ihm:
„Stell dich oben auf die Tempelmauer, ganz an den Rand,
und dann lass dich einfach runterfallen.
Du bist doch Gottes Sohn! Oder nicht?" „Schon."
„Na, dann kann dir doch nichts passieren!
Unsichtbare Engel würden dich auf Händen hinuntertragen.
Stell dir nun mal vor, wie die Leute schauen würden.
Vor Bewunderung würden sie alle ‚Hurra' schreien,
weil sie so was noch nie erlebt haben."
„Ja, das wäre schon schön, so auf einen Schlag
berühmt zu werden. – Aber – ich tue es nicht.

Es ist nicht das, was Gott von mir will.
Nein, kommt gar nicht in Frage.
Ich tue nur das, was Gott will!"

Der Teufel, die böse Stimme, die zu Jesus spricht,
hat wieder verloren.
Aber sie ist immer noch da. Sie gibt nicht auf:
„Stell dir doch mal die ganze Welt vor!" „Ja."
„Und jetzt schau dir alles genau an:
so prächtige Königreiche, herrliche Städte, Gold und Reichtum,
das alles kann dir gehören, wenn ..." „Wenn was? ..."
„Wenn du nicht mehr auf Gott hören würdest,
sondern nur noch auf meine Stimme!
Kümmere dich doch nicht um Gott,
mach einfach nur das, was dir gefällt!
Und mach das, was mir, dem Teufel, gefällt."

Jesus schüttelt den Kopf.
„Hau ab, verschwinde!", sagt er zu der bösen Stimme.
„Nur Gott will ich dienen.
Nur vor Gott will ich mich niederknien.
Nur was Er sagt, will ich tun."

Und als Jesus das gesagt hat,
im gleichen Augenblick,
ist die böse Stimme still,
ist der Teufel verschwunden.

„Und da kamen Engel", steht im Evangelium, „und sie dienten ihm."
Das heißt, sie waren unsichtbar bei ihm.

So, wie sie bei uns sind, wenn wir auf Gottes gute Stimme hören.

Aus der Bergpredigt

Eines Tages hat Jesus sich gedacht:
„Heute bleiben wir nicht hier unten am See, heute machen wir einen Ausflug.
Wir steigen auf den Berg, der gleich hinter dem See liegt.
Das wird den Menschen, und besonders meinen Freunden, gut gefallen.
Den vielen Vätern und Müttern und Kindern wird es ebenso gut gefallen."

Dort auf dem Berg ist es nämlich wunderschön.
Man kann ganz weit über den See schauen.
Die Sonnenstrahlen sieht man auf dem Wasser tanzen ...
Überall wächst weiches grünes Gras, und zwischen den warmen schwarzen Steinen blühen rote Mohnblumen.
Das ist heute noch genauso wie damals, als Jesus dort war.

(Vielleicht fahrt ihr selber einmal da hin, wenn ihr groß seid.)

Jesus hat diesen Berg gut gekannt, und Jesus hat auch gewusst, wie schön das da oben gewesen ist.
Er ist selber oft auf Berge gestiegen, weil er Gott besonders nahe sein wollte.
Da ist es immer ganz still gewesen.
Er hat viel besser nachdenken können als mitten im Trubel einer Stadt.
Er hat besser mit Gott reden können, und immer hat er die Nähe seines Vaters im Himmel gespürt.
Und so hat Jesus seine Freunde an diesem Tag angeschaut und gesagt:
„Packt eure Sachen! Wir machen einen Ausflug!"

„Einen Ausflug??? ... Wohin?"

„Wir wandern auf den Berg, der gleich hinter dem See liegt."

„Das ist eine gute Idee! ... Wir sagen es schnell den anderen."
„Alle mal herhören!!!", haben sie gerufen.
„Wir steigen da hinten auf den Berg!
Packt eure Sachen zusammen!"
„Wann?"
„Jetzt sofort!"
„Und auf den Berg sollen wir steigen???
Warum??? Hier ist es doch schön am See, und Jesus ist bei uns."
„Aber Jesus hat es gerade selber vorgeschlagen.
Wir sagen euch doch nur, was er gesagt hat."
„Ach so!
Na, dann kommen wir natürlich mit.
Wir beeilen uns."

Und so haben die Leute ihre Kinder und Essen und Trinken, ihre Decken zum Ausruhen, und Spielsachen für die Kinder genommen und sind zusammen mit Jesus und seinen Freunden auf den Berg hinaufgewandert.

Da oben haben sie es sich gemütlich gemacht.
Jesus hat in der Mitte auf einem Stein gesessen, so konnten ihn alle gut sehen.
Sie haben sich schon gefreut auf das, was Jesus ihnen erzählen würde:
„Vielleicht wieder eine schöne Geschichte?
Wie die von dem ‚Schäfchen, das sich verlaufen hatte'?"

Jesus hat gelächelt.
„Nein, keine Geschichte heute!"
„Ohh, schade!"
„Aber ein paar Sachen sind mir ganz wichtig.
An die möchte ich euch erinnern. Die sind für alle wichtig.
Auch für die Kinder."

Und dann hat er darüber gesprochen, wie man wirklich glücklich sein kann.
Und „Glücklichsein", das ist für jeden Menschen sehr wichtig.
(In der Bibel steht „selig", das ist nur ein anderes Wort dafür.)

Am Anfang haben sie es noch nicht richtig verstanden.
Sie haben nicht gemerkt, dass vom Glücklichsein die Rede gewesen ist.
Jesus hat nämlich angefangen, vom „Armsein" zu reden.
Kann man denn glücklich sein, wenn man arm ist???
Komisch.
Aber Jesus hat gesagt, dass die, die heute arm sind, einmal ganz reich sein werden, weil ihnen der ganze Himmel gehört.

„Und", hat Jesus gesagt, „ich weiß, ihr seid manchmal traurig."
Da haben ein paar Kinder genickt.
„Aber die, die traurig sind und die weinen müssen, die werden getröstet.
Erinnert euch daran, dass Gott unsichtbar bei euch ist, dass Er euch lieb hat.
Dann kann es passieren, dass ihr nicht mehr traurig sein müsst,
sondern mitten im Traurigsein glücklich sein könnt."

(Menschen, die Gott nicht kennen, für die ist so was nicht zu verstehen.)

Dann hat Jesus weitergeredet.

„Ihr wisst es ja selber:
Kriege sind schrecklich,und mit anderen böse und gemein umgehen,
das ist gar nicht gut.
Aber wenn ihr stattdessen liebevoll und freundlich mit allen umgeht, dann fühlt ihr jetzt schon in euren Herzen, dass ihr glücklich seid, so glücklich, als wärt ihr in einem Paradies, wo immer die Sonne scheint."

Die Menschen, die um Jesus herumsaßen, sind ganz still gewesen.

„Übrigens, am liebsten habe ich die", hat Jesus gesagt und dabei die Kinder angeschaut, „am liebsten habe ich die, die gerecht sind und die keine Ungerechtigkeiten ausstehen können!"

Das hat die Kinder gefreut.
Denn Kinder können Ungerechtigkeiten nicht ausstehen.

„Genauso glücklich seid ihr", hat Jesus gesagt,
„wenn ihr ein mitleidiges Herz habt.

(‚Barmherzig' heißt das Wort in der Bibel).

Dann ist man liebevoll zu Menschen und Tieren und zu allem, was lebendig ist.
Das habt ihr ja schon selber oft gemerkt.
Und man fühlt sich so wohl dabei, dass man den ganzen Tag singen und pfeifen könnte."

Die Kinder haben genickt. „Stimmt genau."

„Ich mag euch so gern", hat Jesus gesagt, „und Gott, euer Vater im Himmel, hat euch lieb.

Ich wünsche mir so sehr, dass ihr glücklich seid! ..."

Die Kinder sind immer noch mäuschenstill dagesessen.
Es hat ihnen gut gefallen, was Jesus gesagt hat.
Und obwohl sie nicht sofort alles verstanden haben, haben sie gewusst, dass es stimmt ...

Viele, viele Jahre später haben sich die Menschen noch immer an diesen schönen Tag erinnern können.

Einige von den Jüngern haben das sogar aufgeschrieben.

(Und wir können es in der Bibel nachlesen.)

Sie haben geschrieben:
„Jesus hat uns damals auf dem Berg eine Predigt gehalten.
Die Bergpredigt."

Und wenn du von nun an das Wort „Bergpredigt" hörst,
dann weißt du genau, was gemeint ist.

Und vielleicht erinnerst du dich daran:
„In der Bergpredigt, da hat Jesus vom ‚Glücklichsein' gesprochen."

Jesus und der römische Hauptmann

Von drei Leuten will ich erzählen:
Der Erste, das ist ein HAUPTMANN gewesen.
Ein römischer Hauptmann.
Er hatte ganz viele Soldaten, die mussten tun, was er sagte.
Wenn er vorbeigekommen ist, dann haben die Soldaten untereinander gesagt: „Aufpassen!!! Der Hauptmann kommt!", und sie haben schnell ihre Helme aufgesetzt.

(Die sind schwer gewesen und aus Blech geschmiedet, das war in der Sonne ganz schön heiß!)

Der Hauptmann hat gerufen: „Aaaantreten!", da haben sich alle ganz schnell in einer Reihe aufgestellt.
Und wenn er gerufen hat: „Losmarschieren!", dann sind alle losmarschiert.
Wenn er Lust dazu hatte, „stillgestanden!" zu rufen, dann sind alle sofort stehen geblieben.
Sie haben gewartet, was er jetzt sagt.
Und wenn er zu einem Soldaten gesagt hat:
„Siehst du das Haus da hinten? Geh dahin!", dann ist der Soldat dahingegangen.
Die Soldaten haben alles getan, was der Hauptmann gesagt hat.
Der Hauptmann ist mächtig gewesen.
Über ihm stand der Kaiser in Rom.
Deshalb haben dem Hauptmann alle Soldaten gehorcht.

Der Hauptmann ist kein Jude gewesen wie Jesus oder seine Mama Maria oder seine Freunde.
Die Juden haben nämlich an Gott geglaubt, an den Gott, an den wir auch glauben.

Aber die Römer? – Nein!
Die haben damals überhaupt nicht an Gott geglaubt.
Die haben nämlich geglaubt, ihr Kaiser in Rom wäre Gott.
Wenn sie gebetet haben, dann haben sie zum Kaiser in Rom gebetet.

(Als wenn ein Kaiser Gott sein könnte! – So ein Quatsch.)

Aber der Hauptmann, der hat in Israel gelebt, am See Genesaret,
wo Jesus so oft war und predigte.
Sogar die gleiche kleine Stadt am See ist es gewesen, Kafarnaum,
wo Petrus sein Haus gehabt hat und Jesus immer zu Besuch gewesen ist.

Deswegen hatte der Hauptmann auch schon davon gehört, dass es einen Gott gibt, den man nicht sehen und nicht anfassen kann und der doch stärker ist als alle Könige und Kaiser auf der ganzen Welt.
Der Hauptmann hatte seine Spione und die erzählten ihm von Jesus, und dass der immer von Gott erzählte, von einem Gott, der die Menschen lieb hat, und der nicht will, dass sie krank sind oder traurig.
„Was es nicht alles gibt", hat der Hauptmann gedacht.

Der zweite Mann in dieser Geschichte ist ein DIENER gewesen.
Er hat dem Hauptmann gedient. Er hat für ihn gesorgt.
Wenn der Hauptmann heimgekommen ist, dann hatte der Diener schon aufgeräumt, den Garten umgegraben, frisches Wasser geholt zum Trinken und zum Baden, die Blumen gegossen, den Tisch abgewischt und das Bett gemacht, und vor allem hatte er etwas Gutes gekocht.
Kochen konnte er nämlich auch.
Der Diener hat alles getan, was der Hauptmann gesagt hat.
Er ist ein freundlicher und netter Mensch gewesen.
Und der Hauptmann hat seinen Diener sehr gern gehabt.

Der dritte Mann in der Geschichte, das ist JESUS gewesen.
Der Hauptmann hat ihn ja schon gekannt.

„Der hat Ähnlichkeit mit mir", hat er gedacht.
„Wenn ich zu einem Soldaten sage: ‚Geh dahin!', dann geht er.
Wenn Jesus zu einem Kranken sagt: ‚Sei gesund!', dann ist der gesund.
Mir gehorchen die Soldaten. Ihm gehorchen die Menschen.
Und manchmal auch die Krankheiten.
Wenn Jesus was sagt, dann passiert das auch. Genau wie bei mir.
Aber einen Unterschied gibt es doch.
Über mir steht der Kaiser. Der ist mächtig.
Aber über ihm steht Gott.
Vielleicht ist Gott stärker als der Kaiser?"

Eines Morgens ist etwas passiert.
Im Haus des Hauptmanns.
Der Diener hatte kein Frühstück gemacht.
Nicht mal den Tisch gedeckt.
Er ist krank gewesen.
Der Hauptmann ist in das Zimmer des Dieners gelaufen.
„Was ist los mit dir?
Kein Frühstück?
Nicht mal der Tisch gedeckt???"
Der Diener hat nur gestöhnt:
„Au, es tut so schrecklich weh!"
„Was tut dir weh?!"
„Mein Fuß! Er ist ganz dick! Ich kann gar nicht mehr laufen!...
Diese Schmerzen!..."
Wieder hat der Diener gestöhnt.
Da hat der Hauptmann gesehen, was los gewesen ist.
„Der Fuß war geschwollen."
Der Hauptmann ist traurig gewesen.
„Au", hat der Diener gesagt, „kannst du mir nicht helfen?"
„Hm, hm"... Der Hauptmann hat mit dem Kopf geschüttelt.

„Hier hört meine Macht auf. Hier kann ich dir nicht helfen."
Und im gleichen Augenblick ist ihm Jesus eingefallen.
„Genau, das ist es", hat er sich gesagt,
„ich werde zu Jesus gehen."

Jesus ist gerade von einer Reise zurückgekommen
und ging mit seinen Freunden über den Stadtplatz.
Wie immer war eine große Menschenmenge bei ihm.
Das hat der Hauptmann gesehen.
Er war sehr froh, und er ist schnell zu Jesus hingegangen.
Die Menschen drumherum haben sich gedacht:
„Was will denn der hier?
Der gehört doch gar nicht zu uns!
Das ist doch ein Römer! Und dazu noch ein Soldat!
Der glaubt doch, der Kaiser in Rom wäre Gott!
Der soll mal bloß machen, dass er wegkommt!
Na, Jesus wird ihn schon verscheuchen ..." „Hoffentlich!" „So einer!"

Das war dem Hauptmann egal.
Er hat sich vor Jesus hingestellt.
„Herr", hat er gesagt, „Herr, mein Diener ist so krank.
Er liegt in meinem Haus und hat große Schmerzen.
Kannst du nicht in mein Haus kommen und ihn gesund machen?"

„Was???", haben die Leute gedacht,
„Jesus soll in das Haus von jemand gehen, der nicht an Gott glaubt,
und bei dem überall Götzenfiguren herumstehen? Niemals!"
Aber Jesus hat gesagt:
„Ja, ich komme mit dir nach Hause.
Ich werde ihn gesund machen." „Wirklich?!?"
Da hat der Hauptmann auf einmal einen Schrecken bekommen.
„Jesus will tatsächlich zu mir kommen? In mein Haus?

Ach du Schreck!!! Ich bin doch nur ein ganz gewöhnlicher römischer Soldat.
Und über mir steht der Kaiser.
Aber er, er ist etwas Besonderes. Über ihm steht Gott!
Ein einziges Wort von ihm genügt doch, dann ist mein Diener gesund."
Und zu Jesus hat er gesagt:
„Herr, ich bin es nicht wert, dass du zu mir nach Hause kommst.
Du brauchst ja nur etwas zu sagen, nur ein Wort, das reicht schon."

In der Bibel steht das Gleiche mit anderen Worten.
Die kommen uns bekannt vor.
Da sagt der Hauptmann:
„Herr, ich bin nicht würdig, dass du eingehst unter mein Dach.
Aber sprich nur ein Wort, dann wird mein Knecht gesund."

Jesus hat ihn angeschaut und sich gewundert,
dass dieser römische Soldat einen so starken Glauben gehabt hat.
Und dann hat er ihn vor allen Leuten gelobt.
„Hört euch das an", hat er gesagt,
„ich habe selten einen so starken Glauben gesehen."
Und zum Hauptmann:
„Geh nach Hause! Dein Knecht ist gesund!" „Wirklich? ... Danke!!!"
Der Hauptmann ist nach Hause gerannt.
Und wer kam ihm entgegengelaufen, gesund und munter?
Der Diener, dem jetzt gar nichts mehr wehtat.

Und alle drei haben einen Grund gehabt, sich zu freuen.
JESUS, weil der Hauptmann so stark an Gott geglaubt hat.
Der DIENER, weil er wieder laufen konnte.
Und der HAUPTMANN, weil Jesus seinen Diener gesund gemacht hatte.

Jesus hat gelächelt, als er weiterging.
Und bei dem Hauptmann und seinem Diener war es, als wäre die Sonne aufgegangen.

VII.

Es lohnt sich, an Gott zu glauben

Schifra und Pua, zwei fromme und mutige Frauen

Die Geschichte hat sich vor ganz ganz langer Zeit abgespielt.
Da hat es in Ägypten einen Pharao gegeben.
Er war damals der mächtigste Mann auf der ganzen Welt.
Aber gut war er nicht.
Er war böse.
Immer hat er sich etwas Böses ausgedacht.
Alle haben ihm gehorchen müssen.
Sie haben getan, was er befohlen hat.
Weil er so reich und so mächtig und so böse gewesen ist, haben alle Angst vor ihm gehabt.
„Wenn du nicht tust, was ich will!", hat er immer geschrien,
„dann lass ich dich umbringen!"
Da haben alle Menschen lieber getan, was er gesagt hat.

Manchmal ist ihm langweilig gewesen.
Da hat er in seinem goldenen Thronsaal auf seinem goldenen Thron gesessen und wild um sich geschaut.
„Ich muss mir was Neues ausdenken", hat er vor sich hingemurmelt.
„Aber was nur? ..."
Dann sind ihm die Israeliten eingefallen.
Die Leute, die als Sklaven für ihn gearbeitet haben.
Ohne Geld.
Von Sonnenaufgang bis Sonnenuntergang.
Dass sie umsonst für ihn arbeiten mussten, hat ihm gefallen.
Aber dass diese Sklaven zu Hause in ihren ärmlichen Hütten eine Frau hatten und Kinder, die fröhlich „Papaaa!" gerufen haben, wenn die Männer nach der schweren Arbeit heimgekommen sind, das hat dem Pharao nicht gefallen.

Die Kinder waren zwar arm; sie haben nicht mal Schuhe zum Anziehen gehabt
und nur ganz wenig Kleider, aber das hat ihnen nichts ausgemacht.
Sie sind den ganzen Tag fröhlich draußen herumgelaufen.
Ohne Schuhe konnten sie rennen wie der Wind.
Von der Sonne waren sie braungebrannt.
Weil sie am Nil wohnten, konnten sie alle schwimmen wie die Fische im Wasser.
Auf die höchsten Palmen konnten sie klettern.
Das geht ohne Schuhe sogar besser als mit Schuhen.

Und immer, wenn der Pharao in seiner goldenen Kutsche vorbeikam,
hat er die fröhlichen, braungebrannten Kinder gesehen.
Weil es israelitische Kinder waren, hat er sich geärgert.
Manchmal kriegte er sogar ein bisschen Angst.
„Wenn die mal groß sind", hat er sich gedacht, „wenn die mal groß sind,
dann sind sie am Ende stärker als meine eigenen Soldaten!"
„Mist!"
Darüber hat er nachdenken müssen, als er so schlecht gelaunt
auf seinem Thron saß.
„Das muss ein Ende haben!", hat er gebrüllt.
„Was muss ein Ende haben, Herr?"
„Die Kinder!"
Die Diener haben nichts verstanden.
„Welche Kinder meinst du, Herr?"
„Die Kinder der Israeliten!"
„Die Kinder der Israeliten???"
„Ja, die sind so kräftig und braungebrannt, die könnten mir am Ende gefährlich
werden!"
„Wieso, Herr? Es sind doch nur Kinder!
Wie können die euch gefährlich werden?"
„Ihr Dummköpfe!", hat er geschrien, „jetzt sind sie noch nicht gefährlich …
aber denkt mal nach! Die werden ja mal erwachsen!"

„Das stimmt."
„Und deshalb habe ich mir überlegt:
Von jetzt an wird es bei den Israeliten keine Kinder mehr geben!"
„Wieso?"
„Sie müssen umgebracht werden, sobald sie auf die Welt kommen!"
„Ja, aber, Herr ..."
„Haltet den Mund!!!"
Der Pharao hat gebrüllt und die Diener und Soldaten haben vor Schreck den Kopf eingezogen.
„Ach, da fällt mir noch was ein. Jungen sind kräftiger als Mädchen.
Vor den Mädchen brauche ich keine Angst zu haben.
Aber die Jungen, die neugeborenen Babys, die werden getötet.
Alle.
Ohne Ausnahme!"
Den ganzen Vormittag hat der böse Mann dagesessen und sich ausgedacht, wie er es am besten anstellt, dass es bei den Israeliten keine kleinen Jungen mehr geben wird.
Und dann ist ihm die Idee mit den Hebammen gekommen.

Damals hat es noch keine Krankenhäuser gegeben.
Wenn eine Mutter ein Baby bekommen hat, dann hat sie die Hebamme gerufen.
Das war so etwas wie eine Ärztin zum „Kinder-auf-die-Welt-Bringen".
Die gibt es auch heute noch.
Manche Hebammen arbeiten in Krankenhäusern, und manche arbeiten zu Hause und gehen zu den Müttern, wenn das Baby auf die Welt kommt.
Die Hebammen damals, die gingen zu den Müttern nach Hause.

„Die Hebammen der Israeliten sollen sofort hier erscheinen!",
hat der Pharao durch den Thronsaal gebrüllt.
„Reitet sofort los und bringt sie her! Aber schnell!
Sonst mach ich euch Beine!"

Schon sind die Diener aus dem Thronsaal gestürzt, auf ihre Pferde gesprungen und losgeritten.
Schnell hatten sie die Hebammen gefunden.
Zwei kluge und mutige Frauen sind das gewesen.
„Wie heißt ihr?" „Ich heiße Schifra", „und ich heiße Pua",
haben die beiden gesagt.
„Los, sofort mitkommen! Aber dalli!" „Wohin?" „Zum Pharao!" „Warum?"
„Fragt nicht so viel.
Der Pharao will euch sehen.
Und wenn er euch sehen will, dann sieht er euch.
Was er sagt, wird getan. Kapiert?"
„Und wenn wir nicht mitkommen?"
„Das würden wir euch nicht raten.
Er würde euch auf der Stelle töten lassen."
„Na ja, dann kommen wir doch lieber mit."

Bald darauf sind die beiden in den Thronsaal marschiert.
„Hierher kommen!"
„Keine Aufregung, wir sind ja da.
Was willst du von uns?"
„Zuerst will ich, dass ihr begreift, dass alles, was ich befehle,
auch ausgeführt wird!" „Ja, und?"
„Ich werde euch jetzt einen Befehl geben!" „Uns???"
„Ja, euch." „Was für einen Befehl?"
„Ihr seid immer dabei, wenn die israelitischen Mütter ihre Kinder auf die Welt bringen. Und von jetzt an – passt genau auf! – dürfen nur noch die neugeborenen Mädchen am Leben bleiben.
Die Jungen müsst ihr töten!"
„Wir ... wir haben nicht ganz verstanden, Pharao!"
„Und ob ihr das verstanden habt!
Wenn ihr zu einer israelitischen Mutter gerufen werdet, und ihr helft ihr, ein

Baby auf die Welt zu bringen, dann schaut nach, ob es ein Junge oder ein Mädchen ist.
Die Mädchen leben lassen (oder auch nicht, das ist mir egal), die Jungen auf jeden Fall sofort töten!"
„Das ... das können wir nicht tun ... Wir ..."
„Ihr könnt das nicht?
Wenn ihr das nicht könnt, dann werdet ihr selber umgebracht.
So wahr ich der Pharao bin.
Meine Soldaten würden euch überall finden.
Also verschwindet und tut, was ich sage!"

Still und blass sind die beiden Frauen davongegangen.
Sie hatten einen furchtbaren Schrecken bekommen.
Aber der Schrecken hat nicht lange gedauert.
Er hat sich in Wut verwandelt.
„So ein gemeiner Kerl! ...
So ein Mörder! ...
Unschuldige kleine Jungen umbringen!?! ...
Der spinnt wohl!
Der hat sie nicht alle!
Das machen wir niemals!!!"
Beide haben sie genickt und sind weitergegangen.
„Außerdem will Gott nicht, dass man so etwas tut.
Das ist gegen sein Gebot!"
„Genau! Und Gott ist mächtiger als der Pharao!"
„Wir werden auf jeden Fall Gott gehorchen."
„Ja ... aber ... der Pharao wird uns töten!
Das hat er uns ja schon angedroht.
Und seine Soldaten werden uns überall finden.
Überall ..."

Beide haben nachgedacht.
Sie sind nicht nur fromm und mutig, sondern auch klug gewesen.
Und es ist ihnen eine Lösung eingefallen.
Sie haben miteinander geflüstert.
Ganz leise, damit es niemand hören konnte.
Und dann gelacht.
„Ja, das machen wir!"
Sie haben sich noch einmal angelacht, sich die Hand gegeben, und dann ist jede in ihr Haus gegangen.

Immer noch wurden Babys geboren.
Keins von ihnen ist umgebracht worden.

Da hat eines Tages jemand dem Pharao erzählt:
„Herr, die Israeliten bekommen immer noch so viele kräftige Kinder!"
„Ach, na ja, das werden wohl nur Mädchen sein.
Schließlich habe ich das ja angeordnet."
„Nein, Herr, Mädchen und Jungen kommen auf die Welt.
Genau so viele wie vorher."
„Was sagt ihr da???
Ruft sofort Schifra und Pua, die israelitischen Hebammen!!!
Sofort!
Auf der Stelle!
Sonst geht's euch schlecht!!!"
Wieder hat der Pharao geschrien, wieder sind die Wachen auf die Pferde gesprungen und in einer Staubwolke verschwunden.
Sie haben keine Lust gehabt, umgebracht zu werden.

Schifra und Pua aber auch nicht.
Kurze Zeit später schon wurden sie vor den wütenden Pharao geschleppt.
Ganz unschuldig haben die beiden dreingeschaut.

„Ihr habt meinen Befehl missachtet!
Das werdet ihr büßen!", hat er gebrüllt.
„Aber nein, Pharao, wir haben deinen Befehl nicht missachtet!"
„Und wieso leben dann die kleinen Jungen noch?"
„Ja, Herr, das müssen wir dir erklären."
„Was gibt es da zu erklären?!?"
Immer noch haben die beiden ganz unschuldig geschaut.
„Es ist so gewesen, Herr Pharao:
Die israelitischen Mütter sind kräftig wie die Tiere auf dem Feld.
Immer, wenn wir in ein Haus gekommen sind, dann ist das Baby schon da gewesen.
Gebadet und angezogen und gewickelt und alles.
Wir brauchten gar nicht mehr zu helfen.
Und wir konnten doch nicht hergehen und die Buben nachträglich töten. Oder?
Das sollten wir doch nicht tun, oder?"

Der Pharao hat die beiden mutigen Frauen angeschaut.
Vielleicht hat er geahnt, dass sie ihn irgendwie hintergangen hatten,
aber wie konnte er das beweisen? –
„Wir sind wirklich unschuldig!", haben die beiden noch einmal gesagt und ihn angeschaut, als seien sie wahre Unschuldslämmer.
„Hmmm ..."
„Dürfen wir jetzt wieder gehen?"
Gern hat er's nicht getan, aber er musste sie gehen lassen.
„Ja, ihr dürft gehen."
„Danke, Herr."
Und weg waren sie.

Und weil sie Gott mehr gehorcht hatten als dem Pharao, der sie immerhin mit dem Tod bestrafen konnte, hat Gott den beiden frommen und klugen Frauen – so steht es in der Bibel – viele hübsche, gesunde eigene Kinder geschenkt.

Daniel in der Löwengrube

Daniel ist ein Junge aus Israel gewesen.
Vor ungefähr 3000 Jahren hat er gelebt.
In einem fremden Land.
In Babylon.
Sicher haben schon im Kindergarten viele zu ihm gesagt:
„Hau ab, du Ausländer!"
„Mit dir spielen wir nicht."
Aber Daniel ist zäh gewesen.
Er hat gut laufen und klettern können und Lieder singen und Baumhäuser bauen.
In der Schule war er auch immer bei den Besten.
Weil er so fleißig gewesen ist.
Und dann, als er Arbeit gesucht hat, hat er gesagt:
„Ich möchte gern ein königlicher Beamter werden!"
Das hat den König gefreut, denn der hat sich dafür interessiert,
wer von den Buben in seinem Land klug und sportlich gewesen ist.
Besonders wichtig ist ihm gewesen, dass dieser Junge auch ehrlich und gerecht war.
Das alles ist dem König bei Daniel aufgefallen.
Er ist klug und sportlich und ehrlich und gerecht gewesen.
Gut ausgesehen hat er auch noch.
„Du wirst bei mir angestellt!", hat der König zu Daniel gesagt.
„Du wirst in meinem Land Minister werden!"
„Danke, mein König!"
„Gern geschehen. Ich weiß, dass du ein guter Minister wirst."
„Das verspreche ich."

Jetzt ist Daniel Minister.
Er ist fleißig und gerecht.

Die Menschen mögen ihn.
Aber leider sind mit Daniel zusammen noch zwei andere junge Männer zu Ministern ernannt worden.
Die aber haben kein gutes Herz.
Von Ehrlichkeit keine Spur.
Sie sind richtige Neidhammel.

Sie stoßen sich heimlich mit den Ellbogen an und flüstern leise:
„Ich kann den Daniel nicht ausstehen!"
„Ich auch nicht."
„Den müssen wir fertig machen."
„Genau."
„So ein Ausländer!"
„Aber der König mag ihn."
„Dann müssen wir den König eben gegen ihn aufhetzen."
„Das wird nicht so leicht sein."
„Wir finden schon was!
Wir werden den Kerl beobachten!"
„Abgemacht."

In diesem Land, in dem Daniel gelebt hat, haben die Leute an viele Götter geglaubt. Sie haben auch geglaubt, dass ihr König ein Gott ist.
Auf dem Marktplatz hat das Bild des Königs, eine goldene Figur, gestanden.
Alle Leute, die vorbeigegangen sind, die sind vor dieser Figur niedergekniet und haben sie angebetet. Alle.
Nur einer nicht:
Daniel.
Der sucht sich immer einen anderen Weg.
Das ist den beiden bösen Ministern aufgefallen.
„Hast du schon gemerkt? Noch niemals hat einer gesehen, dass Daniel auf dem Marktplatz die Figur des Königs angebetet hat."

„Und das ist noch nicht alles..."
„Ich weiß was über ihn, damit werden wir ihn reinlegen."
„Was weißt du denn? Sag schon!!!"
„Geduld!
Meine Soldaten haben ihm aufgelauert und ihn beobachtet,
wie er jeden Abend auf seinem Dachgarten betet!
Aber er betet zu seinem Gott.
Zu einem Gott, den man nicht mal sehen kann!"
„Unverschämtheit!"
„Das ist eine Sauerei!"
„Er zeigt damit, dass er unseren lieben König verachtet!"
„Dafür muss er bestraft werden."

Die beiden denken nach.
„Wir brauchen Beweise..."
„Kein Problem, meine Soldaten werden ihm wieder auflauern,
und wenn er zu seinem Gott betet, dann schnappen sie ihn."
„Superidee!"
„Und wenn er alles abstreitet?!?"
„Der Dummkopf wird doch alles zugeben. Er ist doch so ehrlich!"
„Stimmt genau."

Es ist gekommen, wie es kommen musste.
Wie jeden Abend ist Daniel auf das Dach seines Hauses gestiegen.
Da sind Blumentöpfe und schöne Pflanzen. Da ist es kühl.
Daniel kann sich ausruhen und über den Tag nachdenken.
Und wie immer steht er auf, erhebt seine Arme und breitet sie aus
(wie der Priester bei uns in der Kirche das auch tut) und betet.

Auf diesen Augenblick haben die Soldaten im Versteck gewartet.
„He!", haben die Soldaten geschrien, „wir haben dich erwischt!"

„Leugnen hilft nicht! Was hast du getan?!?"
„Ich habe gebetet, wie ich das immer tue."
„Zu welchem Gott??? Zu unserem König?"
„Nein", sagt Daniel, „unser König ist ein guter König.
Aber Gott ist er nicht.
Gott ist unsichtbar.
Er ist größer und mächtiger als ein König."

„So", schreien die Soldaten, „jetzt haben wir dich!
Du hast es selber zugegeben."
„Fesseln und abführen!"
„Aber warum? Ich habe doch niemand etwas getan!"
„Das wird dir unser Herr, der Minister, schon erklären."

Daniel steht vor dem König.
Vor dem König, der ihn eigentlich gut leiden kann.
„Daniel", sagt der König, es gibt Leute, die erzählen,
dass du mein Standbild auf dem Marktplatz nicht anbetest,
dass du nicht vor ihm niederkniest!"
„Tu ich auch nicht!", sagt Daniel,
„das habe ich noch nie getan."
„Das wagst du???"
„Ja."
Daniel steht einfach da. Ohne Angst.
„Stimmt es, dass du zu einem anderen Gott gebetet hast?"
„Ja."
„Wann?"
„Immer. Das habe ich schon als kleiner Junge getan."
„Zu welchem Gott hast du gebetet?"
„Zu unserem Gott, Israels Gott, zu dem Gott, der der Einzige ist,
und den man nicht sehen kann."

Der König fängt an, sich zu ärgern.
„Sei nicht so stur, Daniel!"
„Geh zum Marktplatz, knie dich vor mein Standbild hin, bete mich an, und ich werde dir alles vergeben."
„Nein."
„Was sagst du?"
„Nein! Das werde ich niemals tun!"
„Dann muss ich dich umbringen lassen!
Wilde, hungrige Löwen werden dich bei lebendigem Leib auffressen."
„Gott will nicht, dass wir Götter anbeten, die gar keine sind", hat Gott in seinen Geboten gesagt.
„Und ich weiß,
was auch geschieht:
Gott wird unsichtbar bei mir sein", sagt Daniel.

Noch in der gleichen Nacht wird er abgeführt.
Vor die Stadt.
Zu der leeren Zisterne, dem ausgetrockneten Brunnen.
Daniel schaut in die Tiefe.
Die Löwen knurren schon.
„Werft ihn rein!"
Und sie schnappen sich den Daniel und werfen ihn in den Brunnen.
Dann gehen die Soldaten weg.
Befehl ist ausgeführt.

Der König kann nicht schlafen.
Er hat ein schlechtes Gewissen.
Ihm tut Daniel Leid.
Er hat sich schon überlegt, dass die beiden anderen Minister sich alles ausgedacht haben.
Als die Sonne aufgeht, geht der König mit seinen Dienern und Soldaten vor die Stadt.

Er will, dass wenigstens die Knochen von Daniel eingesammelt werden
und in ein anständiges Grab kommen.
Hoffentlich haben die Löwen etwas übrig gelassen!

Die beiden bösen Minister schleichen hinterher.
Schadenfroh.
Der König schaut in den Brunnen.
Dann fällt er fast um, als er sieht, wie Daniel gesund und munter zwischen den Löwen sitzt und ihnen das Fell krault.
Sie schnurren wie kleine Kätzchen.
„Wieso lebst du noch, Daniel?"
„Ich habe doch gesagt, dass Gott unsichtbar bei mir ist.
Er hat mich beschützt."

„Sofort ein Seil hinunterwerfen und Daniel raufziehen", ruft der König, „und die beiden Minister sollen herkommen."

Daniel klettert fröhlich über den Brunnenrand
Und die beiden Minister werden hineingeworfen.
Diesmal haben die Löwen Hunger.

Der König geht mit Daniel nach Hause und sagt:
„Entschuldigung.
Du darfst von jetzt an ruhig zu deinem Gott beten.
So oft und so lange du willst.
Ich glaube jetzt auch, dass dein Gott den Menschen helfen kann."

Daniel ist sicher sofort nach Hause gelaufen
und auf seinen Dachgarten gestiegen.
Er hat Gott ja „Danke" sagen müssen.
„Du bist einer", hat er zu Gott gesagt, „du bist einer, der uns sogar vor wilden Löwen retten kann."

Gideon wird von Gott berufen

Vor 3000 Jahren hat ein Junge gelebt. In Israel.
Er hieß Gideon und ist der Kleinste in der Familie gewesen.
Trotzdem hat Gott schon gewusst:
„Dieser Gideon ist zwar noch ein Kind, aber er ist – auch wenn er es noch nicht weiß – ein ganz, ganz starker und mutiger Junge.
Und eines Tages da wird er stärker und mutiger sein als seine Geschwister und alle seine Freunde.
Im ganzen Volk Israel wird er der Stärkste und Mutigste sein.
Sogar stärker als Israels Feinde."

(Damals haben die Israeliten wirklich viele Feinde gehabt.)

Gideon hat mit seinem Vater Joash und den anderen zusammen in einer Felsenhöhle gelebt.
Oben auf einem Berg.
Da sind sie sicher gewesen und haben alles sehen können, was unten im Tal passierte.

Da haben sie aber nicht immer gelebt.
Nein!
Eine Höhle ist doch keine richtige Wohnung! –
Aber vor vielen Jahren, da ist etwas ganz Schlimmes passiert.
Da ist Gideon noch ganz klein gewesen, und da haben sie unten im Tal in einem richtigen Haus gewohnt.
In einem Dorf.
Da unten, da haben auch Gideons Freunde gelebt.
Sie sind glücklich und zufrieden gewesen.
Die Kinder haben gespielt, und der Vater hat auf dem Feld gearbeitet.

Alles ist gut gewesen, bis zu dem schrecklichen Tag, an dem die vielen Soldaten gekommen sind und die Dörfer im Tal überfallen haben.

Auch das kleine Dorf, in dem Gideon gelebt hat, haben sie überfallen.
Sie haben mit ihren Pferden die Felder zertrampelt, bis kein Halm mehr übrig gewesen ist.
Da hatten die Menschen kein Korn mehr für Brot.
Dann haben die bösen Menschen die Tiere umgebracht und die Häuser im Dorf angezündet.
Sie sind so schwer bewaffnet gewesen, dass niemand sich wehren konnte.
Aber Joash, Gideons Vater, der hat ganz schnell und heimlich seinen Jungen auf einen Esel gesetzt, die Mutter hat noch schnell ein paar Sachen zum Anziehen eingepackt und Wolldecken und was zum Essen, und dann sind sie weggegangen, so schnell sie konnten.
Damit die Feinde sie nicht finden konnten.

Gideon hat geweint.
Alle seine Spielsachen sind weg gewesen.

Auf geheimen Pfaden sind sie auf einen Berg gestiegen.
Da waren in den Felswänden Höhlen.
Und in so einer Felsenhöhle haben sie von da an gewohnt.
Da sind sie sicher gewesen.
Von da oben haben sie jeden Tag ihre Felder beobachtet.
Und geschaut, ob Feinde da waren oder nicht.
Nachts ist der Vater ins Tal geritten und hat heimlich auf dem Feld gearbeitet.
Er hat gepflügt und gesät.
Weizen.
Wenn man Weizen hat, kann man Brot backen.
Gott hat Sonne und Regen geschickt, und der Weizen ist gut gewachsen.
Getrunken haben sie aus einer Quelle.

Jahre sind vergangen. Gideon ist schon groß gewesen.
Kraft hat er gehabt und klug war er auch.
Und fromm.
Im Tal drunten waren immer noch die Feinde.
Immer noch haben die mit ihren Pferden die Ernte zertrampelt, bis nichts mehr auf den Feldern gestanden ist.
Aber Gideon und sein Vater Joash haben ihr Weizenfeld beobachtet.
„Jetzt wird es Zeit, unseren Weizen zu holen", haben sie eines Tages gesagt.
„Aber heimlich, damit niemand was merkt."
Und so sind sie in der Nacht ins Tal geschlichen und haben ihre Ernte in Sicherheit gebracht.
Oben auf dem felsigen Boden haben sie das Korn ausgebreitet.
„Ich werde es dreschen!", hat Gideon gesagt.
Dann hat er sich schlafen gelegt.

Am nächsten Morgen, in aller Frühe,
ist er schon bei der Arbeit gewesen.
Mit dem Dreschflegel hat er auf den Weizen geschlagen,
bis alle Körner auf dem Boden lagen.
Er musste sie nur noch einsammeln.

Ein paar Tage später – Gideon war wieder mit dem Korn beschäftigt –,
da sah er unter einem Baum eine Gestalt sitzen.
Die hatte er noch nie gesehen.
Er hat einen Schrecken bekommen.
„Vielleicht ist das ein Gespenst!"
Aber, es ist kein Gespenst gewesen.
Es war ein Engel, ein Bote Gottes.
Der hat freundlich geschaut und angefangen, mit Gideon zu sprechen.
Gideon hat den Dreschflegel vor Schreck auf den Boden fallen lassen.

„Der Herr sei mit dir, du starker Held", hat der Engel gesagt.
Da hat Gideon gewusst, dass ein Engel mit ihm sprach, ein Bote Gottes.
Einen Augenblick ist er still gewesen und hat nicht gewusst, was er sagen sollte.
Dann hat er gefragt: „Ist Gott wirklich mit uns???"
„Ja", hat der Engel gesagt.
„Ja, aber", hat Gideon gesagt, „wenn Gott mit uns ist, warum geht es uns dann so schlecht?
Warum hilft er uns nicht gegen unsere Feinde, die die Dörfer zerstören und die Felder anzünden und Kinder umbringen!?"
„Gott", hat der Engel gesagt, „Gott ist stärker als Israels Feinde!
Er hat das Volk befreit und sie durch die Wüste in dieses Land geführt."
„Ja, ich weiß", hat Gideon gesagt, „das hat mein Vater mir alles erzählt ...
Mose hat damals das Volk befreit.
Aber das ist schon sooo lange her. Und Mose lebt auch nicht mehr.
Jetzt müsste uns jemand von unseren Feinden befreien ... Aber wer??
Weißt du das etwa???"
„Ja, das weiß ich."
„Und wer soll uns befreien?"
„Du!"
„Wer???"
„Du, Gideon!"
Jetzt hat Gideon vor Schrecken gestottert.
„Wwwer??? Iiich???"
„Ja."
Und nach einer Pause hat Gideon wieder sprechen können.
„Aus-ge-schlossen! Niemals!!! Das kann ich nicht!
Ich stamme aus einer armen Familie, und ich bin noch viel zu jung.
Ich kann das wirklich nicht."
Der Engel hat gelächelt.
„Doch, du kannst es. Gott hat mich zu dir geschickt.
Und wenn Gott mit dir ist, bist du stärker als alle Feinde!

Dann besiegst du sie, als wäre es nur ein einziger Mann."
„Hm ... hm ...", Gideon hat mit dem Kopf geschüttelt.
Er hat das nicht begreifen können.

„Aber wenn das wirklich ein Bote Gottes ist", hat er sich gedacht,
„dann könnte er doch ein Wunder tun.
Dann könnte ich das vielleicht glauben."
Das hat er dem Engel gesagt.

Zuerst ist es wieder still gewesen.
Dann hat der Engel geantwortet:
„In Ordnung, du bekommst ein Zeichen.
Baue einen kleinen Altar!"
Gideon hat Steine geholt und sie aufeinandergelegt, bis der Altar fertig war.
„Und jetzt?"
„Lege ein Stück Fleisch drauf."
Gideon ist in die Höhle gelaufen.
Er ist zurückgekommen mit einem Stück Fleisch und einem Brot.
Beides hat er auf den Altar gelegt.
Und den Engel angeschaut.

Der Engel ist aufgestanden, hat seinen Stab genommen
und mit der Spitze die Sachen auf dem kleinen Altar berührt.
Im gleichen Augenblick kam ein großer Blitz vom Himmel, eine Stichflamme,
und von Fleisch und Brot auf dem Altar ist nur noch ein Häufchen Asche übrig gewesen.
Der Engel war auf einmal nicht mehr da.
Da hat Gideon einen solchen Schrecken bekommen, dass er sich auf den Boden geworfen und die Hände vors Gesicht gehalten hat.
„Gott im Himmel! ... Ich habe wirklich einen Engel gesehen!!!
Hoffentlich muss ich jetzt nicht sterben!"

Aber statt zu sterben, hat er zum ersten Mal Gottes Stimme in seinem Herzen gehört. Laut und deutlich:
„Habe keine Angst Gideon, du wirst nicht sterben. Ich bin bei dir."

Ein paar Tage später hat Joash, der Vater, zur Mutter von Gideon gesagt:
„Ich weiß gar nicht, was mit unserem Jungen los ist.
Er ist auf einmal so fromm geworden.
Erst hat er einen Altar gebaut, und jetzt betet er so oft ..."

(Der Altar steht übrigens heute noch.)

Gideon führt Gottes Auftrag aus

Gideon hat von nun an fest an Gott geglaubt, und so ist es gekommen, dass er auf einmal – mitten in der Nacht – Gottes Stimme gehört hat:

„Gideon, nimm eine Axt und schlag das Götzenbild in tausend Stücke!"
„Was soll ich in tausend Stücke schlagen??"
„Das Götzenbild."
„Ich versteh nicht, was du meinst, Gott…"

„Du weißt doch, dass die bösen Menschen unten im Tal eine riesige Holzfigur geschnitzt haben.
Sie behaupten, diese Figur, das wäre Gott.
Für diese holzgeschnitzte Figur haben sie eine Kirche gebaut.
Einen schönen großen Tempel.
Jetzt werden alle Menschen, die noch im Tal sind, gezwungen, diese Holzfigur anzubeten.
Sie müssen Lieder singen und Kerzen anzünden und Blumen bringen und opfern.
Die Menschen werden betrogen.
Eine Holzfigur kann nicht Gott sein. Niemals!
Du, Gideon, weißt das."

Gideon ist ganz aufgeregt.
„Ja, das weiß ich… Außer dir gibt es keinen Gott!"
„Und deshalb, Gideon, habe ich dir den Auftrag gegeben:
Geh jetzt mit deiner Axt hin und schlag die Figur in tausend Stücke."
„Oh, das ist ein schwieriger Auftrag, Herr.
Das kann ich nicht."
„Warum nicht?"

„Ich habe Angst!
Die Leute da unten, die bringen mich doch um, wenn ich so etwas tue!!!"
„Ich kann deine Angst verstehen.
Deshalb nimm ein paar Freunde mit, die dir helfen können.
Und vor allem – erinnere dich daran:
Ich werde unsichtbar bei euch sein."
Gideon hat nicht mehr weiterschlafen können in dieser Nacht.
Er ist sehr aufgeregt gewesen und hat schreckliche Angst gehabt.
Er hat sich überhaupt nicht wie ein Held gefühlt.
Eher wie eine kleine Maus, die sich im Mauseloch verkriechen möchte.

Aber am nächsten Tag hat er alles seinen Freunden erzählt, die in den anderen Höhlen gewohnt haben.
„Wer hat mit dir gesprochen???", haben die gefragt.
„Gott!"
„Erzähl keine Märchen! ... Gott ist doch unsichtbar ... der spricht doch nicht ..."
„Doch, er hat mit mir gesprochen."
„Das können wir fast nicht glauben."
„Aber, es ist wirklich wahr! Habe ich euch schon einmal belogen?"
„Nein."
Und dann hat Gideon ihnen alles genau erzählt.
„Das Götzenbild im Tal mit der Axt in Stücke hauen? ...
Unmöglich! ... Das kann man nicht machen!"
„Aber Gott hat mir gesagt, dass ich es tun soll! ...
Und??? Helft ihr mir???"
„Das kannst du nicht von uns verlangen."
„Ihr seid doch meine Freunde!"
„Aber wir haben noch mehr Angst als du!"
„Ich habe doch auch Angst.
Aber mit euch zusammen fänd ich es leichter.
Es muss ja nicht am helllichten Tag sein, wenn uns jeder sieht.

Wir können doch nachts heimlich herunterschleichen."
„Hm ..."
Sie sind ja wirklich gute Freunde von Gideon gewesen.
Und er hatte ihnen schon so oft geholfen ...
„Gut, wir helfen dir!"
Gideon ist ein Stein vom Herzen gefallen.
„Danke! Das vergesse ich euch nicht."

In der nächsten Nacht sind sie heimlich heruntergeschlichen.
Gideon hat seine Axt mitgeschleppt.
Der Tempel war leer, denn in der Nacht ist ja kein Gottesdienst gewesen.
Sie hatten Fackeln dabei.
Wie ein Ungeheuer stand das holzgeschnitzte Götzenbild vorne auf dem Altar.
„So was soll Gott sein!?!"

Mutig ist Gideon zum Altar hingelaufen.
Dann hat er der Holzfigur von hinten einen ordentlichen Schubs gegeben.
Krach ... Plumps ... Schepper ...
Schon hat sie auf dem Boden gelegen.
Da hat Gideon seine Axt genommen und Kleinholz aus der Figur gemacht.
Genau so, wie Gott es ihm gesagt hatte.
Den Altar hat er auch noch zertrümmert.
„So, das wäre erledigt!
Aber jetzt nichts wie raus! Eh noch einer von denen kommt ...!
Na, die werden sich umschauen morgen früh!"
So schnell sie konnten, sind sie zurück in die Berge gerannt.

Am nächsten Tag, als die Leute zum Beten gekommen sind,
ist das Geschrei losgegangen.
„Wer hat unseren Gott kaputtgemacht?!?"
„So eine Unverschämtheit!"

„Das ist bestimmt der Gideon gewesen.
Der glaubt doch an den unsichtbaren Gott."
„Ja, dem trauen wir alles zu!"
„Los, wir schnappen ihn uns!"
„Der kann was erleben!"
„Den bringen wir um!"
„Das zahlen wir ihm heim!
Dann ist es aus mit ihm."

Eine wütende Menge ist auf den Berg geklettert.
Mit Knüppeln in den Händen.
Sie haben geschrien, dass man es im ganzen Tal hören konnte.
Gideon hatte sich schon versteckt.
In der Höhle. Ganz hinten in einer Ecke.
„Papa, geh du raus, wenn sie kommen!"
„Mach ich, mein Junge."
Joash, der Vater, hat schon alles gewusst.
Er ist sehr stolz gewesen, dass sein Junge so mutig gewesen war,
und dass er einen so starken Glauben an Gott hatte.

Er hat sich vor den Höhleneingang gestellt.
Gerade sind die Leute angekommen.
Sie haben wild um sich geschaut und alle durcheinander geschrien:
„Rück deinen Sohn raus, den Gideon!"
„Warum?"
„Er hat unseren Gott kaputtgehauen!!!
Mit einer Axt!!!
In tausend Stücke!!!
Jetzt zahlen wir's ihm heim.
Er bekommt seine gerechte Strafe!!!"

„Regt euch nicht so auf! Vielleicht ist das, was ihr auf dem Altar stehen hattet, gar kein wirklicher Gott, sondern nur eine Holzfigur!“

„Was fällt dir ein!!!

Sag nicht so unverschämte Sachen! Natürlich ist das ein Gott!“

„Und wenn er wirklich ein Gott ist, dann kann er sich doch wohl selber verteidigen, oder? ... Oder??? ...“

Eine Pause ist entstanden.

Sie haben nachgedacht.

Dann hat Joash wieder angefangen:

„Kann euer Gott alles?“

„Ja, natürlich kann er alles.“

„Dann kann er doch Gideon auch selber bestrafen, dann braucht er euch doch nicht dazu ... – – – aber vielleicht ist er doch keiner?!?“

„Hör bloß auf. Unser Gott kann alles!

Er kann auch deinen Sohn bestrafen!“

„Na, dann könnt ihr ja nach Hause gehen und abwarten.“

„Hm ...“

Einer nach dem anderen hat sich umgedreht und ist wieder nach Hause gegangen.

Und hat Gideon am Ende irgendeine Strafe gekriegt?

Natürlich nicht.

Holzfiguren sind Holzfiguren und nicht Gott!

Gideons kluger Plan bringt Rettung

Manche Kinder denken:
„Stark ist man nur, wenn man starke Muskeln hat!"
Stimmt das?
Nein!
Stimmt überhaupt nicht!
Bei Gideon kann man es sehen.
Er kämpft nicht besonders gerne, aber wenn es sein muss, dann ist er mutig.
Und er ist klug.
Das wissen wir ja schon längst.

Wieder einmal hat Gideon ruhig und friedlich vor seiner Höhle gesessen und über die Berge geschaut.
Da ist wieder einmal etwas Außergewöhnliches passiert.

Gottes Stimme war wieder da.
Laut und deutlich.
Und Gideon hat sofort gedacht:
„Hoffentlich gibt es nicht schon wieder einen gefährlichen Auftrag für mich!"

(Er hat sich nämlich an das Götzenbild erinnert ...)

Dabei hat er ins Tal hinuntergeschaut.
Und einen Riesenschrecken bekommen!
Diesmal hat er nicht nur die verbrannten Dörfer gesehen und die zertrampelten Felder.
Nein, was er diesmal gesehen hat, ist noch viel schlimmer gewesen.

Mitten im Tal hatten die Feinde ein riesiges Heerlager aufgebaut.
Mit Zäunen und Wachen und Pferden und Hunderten von Soldaten.

„Was siehst du, Gideon?" – das war Gottes Stimme.
„Ich sehe ganz viele Pferde und Zelte und eiserne Rüstungen und Waffen, die in der Sonne glänzen!"

„Richtig", hat Gott gesagt, **„die wollen euch jetzt alle umbringen.**
Alle, die noch übrig sind in Israel.
Alle Väter und Mütter und Kinder."
„Das können die doch nicht machen!!!", hat Gideon entrüstet ausgerufen.
„Du hast Recht, Gideon!
Und ich, Gott, habe beschlossen, dass sie das nicht tun werden."
Gideon ist furchtbar erschrocken gewesen.
Sooo viele Feinde und sooo viele Waffen!!!
„Aber Gott, Herr der Welt, gegen die können wir uns doch niemals wehren!...
Das ist doch aussichtslos!
Wie willst du denn die Feinde daran hindern, uns umzubringen?!?"
Gottes Antwort kam sofort:
Du, Gideon, wirst derjenige sein, der sie besiegt!!!"
„Ich???"
„Ja, du."
„Gott, das kann ich nicht!"
„Das kannst du doch."
„Nein, kann ich nicht!"
„Doch, Gideon, du kannst es.
Vergiss nicht, ich bin bei dir, unsichtbar.
Ich helfe dir und allen Männern, die mit dir zusammen sein werden."

Da hat Gideon nicht mehr gewusst, was er Gott noch sagen sollte.
„Meinetwegen", hat er leise gesagt.

Aber Angst hat er immer noch gehabt.
Und schlecht geschlafen hat er auch.
Er hat sich an den Engel damals erinnert .

„Ich muss mir ganz sicher sein", hat er gedacht, „und am liebsten wäre mir noch einmal ein Wunder.
Damit ich ganz, ganz sicher sein kann, dass es wirklich Gottes Stimme gewesen ist, die ich gehört habe …
Ja, ich werde Gott bitten, ein Wunder zu tun, damit ich das glauben kann."

Am nächsten Morgen hat Gideon gebetet.
„Gott, Herr der Welt, ich weiß nicht genau, ob du mit mir gesprochen hast …
Wenn du wirklich willst, dass ich, der Gideon, die Feinde vertreiben soll,
dann hätte ich gerne noch ein Zeichen von dir.
Ein Wunder, damit ich alles besser glauben kann."

Er hatte sich schon etwas ausgedacht.
„Schau her", hat er zu Gott gesagt, „ich habe hier weiche, weiße Wolle von meinen Lieblingsschafen.
Ich lege sie auf den Felsen da.
Morgen früh hätte ich gerne, dass die Wolle nass ist.
Und rundherum der Boden ganz trocken.
Dann kann ich alles besser glauben."

Wieder hat Gideon schlecht geschlafen.
Er ist so aufgeregt gewesen.
Als die Sonne aufgegangen war, ist er rausgerannt.
Und siehe da, die Wolle war pitschnass, und der Boden rundherum war trocken.
Zuerst ist er ganz stumm gewesen vor lauter Staunen.
Aber nicht lange.
Da hat er wieder mit Gott geredet:
„Gott, entschuldige bitte, dass ich das denke, aber das mit der Wolle, dass sie nass ist, das könnte doch ein Zufall sein.
Kannst du nicht machen, dass es morgen früh umgekehrt ist?
Diesmal sollte die Erde nass sein und die Wolle trocken.

Wenn das morgen früh wirklich so ist, dann tue ich, was du sagst."

Am Nachmittag hat er die weiße Wolle noch einmal auf dem Felsen ausgebreitet.

Ihr könnt euch schon denken, was passiert ist.
Am nächsten Morgen hat Gideon vor Staunen die Augen ganz weit aufgerissen.
Überall um ihn herum war der Boden nass.
Aus den Pfützen haben die Vögel getrunken ... und die Wolle ist so trocken gewesen, als hätte sie vor einem Heizlüfter gelegen.

Da endlich hat er geglaubt.

Er hat Männer zusammengerufen und ihnen gesagt:
„Gott will, dass wir die Feinde vertreiben."
„Was ist los? ... Wiederhol das noch einmal!"
„Gott will, dass wir die Feinde vertreiben.
Sie wollen uns nämlich alle umbringen."
„Wir? Die Feinde vertreiben?
Das können wir doch nicht. Wie kommst du darauf?"
„Ich habe es mir nicht ausgedacht, das ist ein Auftrag von Gott."
„Glaubst du das wirklich?"
„Ja, ich glaube es, weil Gott gesagt hat, dass er bei uns sein wird.
Ganz am Anfang hab ich's auch nicht geglaubt ... Aber hinterher ..."
Und er hat ihnen das mit der Wolle erzählt.
Da sind sie erst ganz still gewesen, und dann haben sie gesagt:
„Wir sind einverstanden. Wir kämpfen mit dir, wenn wir auch nicht wissen, wie.
Wir haben ja gar keine Waffen!"
„Die brauchen wir auch nicht."
„Wieso??? – Schau dir mal unsere Feinde an! ...

Schau dir an, wie viele Waffen die haben und Rüstungen und Pferde und Zelte ... die kann man nicht mal zählen ...
Aber egal. Wir vertrauen dir, Gideon, und an Gott glauben wir auch.
Wir kämpfen mit dir gemeinsam!"

Gideon ist ein Stein vom Herzen gefallen. „Danke!"
Und dann: „Wer von euch hat eine Trompete?"
Die Leute haben sich angeschaut. „Spinnt Gideon?"
„Also, wer von euch hat eine Trompete oder sonst ein Horn, das Krach macht."
Da haben sich einige gemeldet.
„Und wer hat einen großen Wasserkrug?"
Wieder hat eine ganze Menge gerufen:
„Wir haben genug Wasserkrüge zu Hause."
„Gut, und ich habe Fackeln.
Viele Fackeln. Für jeden von euch eine."
„Und wofür brauchen wir das alles?"
„Ganz einfach", hat Gideon gesagt, das ist der Ersatz für die Waffen, die wir nicht haben."
„Hä??"
„Ich habe einen Plan.
Die Feinde sind unten im Tal.
Rundherum sind die Berge und Felsen.
Wir sind oben auf dem Berg.
An den Felsen entlang, dicht am Abhang, stellen wir uns in der Nacht auf.
Nachts schlafen die Soldaten in ihren Zelten.
Nur ein paar einzelne Wachtposten stehen herum.
Und dann zünden wir heimlich die Fackeln an.
Wenn ich dann ein Zeichen gebe, dann schwenkt die Fackeln hin und her, blast mit aller Kraft in eure Trompeten und Hörner und schlagt die Wasserkrüge kaputt.
Ihr wisst, dass man im Tal das Echo hört.

Und wenn wir einen solchen Riesenlärm machen,
dann schauen wir mal, was da unten im Lager der Feinde passiert.
Die wissen ja nicht, was das ist, und sie werden sich vor Angst in die Hosen machen." Alle haben gelacht.
„Eine Superidee!"
Es ist Mitternacht gewesen. Ganz still.
Der Mond war hinter den Wolken versteckt.
Die Feinde haben in den Zelten geschnarcht.
Die Wachen haben so vor sich hingeschaut.
Da ist auf einmal oben auf dem Felsen die Hölle losgebrochen.
Da war ein entsetzlicher Lärm und lauter unheimliche Lichter.
Und wer keine Trompete am Mund hatte, der hat geschrien:
„Für Gott und Gideon!"
Von überall her ist noch das Echo dazugekommen.

„Hiiilfe!", haben die Wachen geschrien, und vor Angst gezittert.
„Hilfe, was ist das???"
So schnell sie konnten, sind sie in das Zelt des Hauptmanns gerannt.
Der ist schon wach gewesen.
„Was ist los??? Ein Überfall!!!"
„Ja! Wir werden von allen Seiten überfallen!"
Alle Soldaten sind aus den Zelten gerannt.
Einige Zelte sind umgefallen.
Es ist ein Riesendurcheinander gewesen.
Einer ist über den anderen gestolpert und hingefallen, oder sie sind über die Zeltabspannleinen gepurzelt.
Ein paar haben angefangen zu kämpfen.
„Hör auf, du Dummkopf! Ich bin doch einer von uns!"
„Oh, Entschuldigung!"
Ein paar lagen schon auf dem Boden und haben Sternchen gesehen.
Sie hatten aus Versehen eins mit der Keule über den Kopf gekriegt.

„Was ist denn überhaupt los???"
„Weiß ich doch nicht!"
Und immer, wenn sie nach oben geschaut haben, haben sie die unheimlichen Lichter gesehen und den Riesenradau gehört.
Schrecklich!!! - Die Pferde haben sich losgerissen und sind davongerannt.
„Hilfe, die Pferde rennen weg! Haltet sie auf!"
„Geht nicht, die lassen sich nicht aufhalten!"
„Dann nichts wie hinterher!"
„Und die Waffen und Rüstungen???"
„Lasst alles liegen.
Mit einer Rüstung kann man nicht schnell laufen."
Da haben sie alles liegen und stehen gelassen und sind geflüchtet. Alle.
Gideon und seine Männer haben mit dem Krach aufhören können.
Es ist kein Feind mehr da gewesen.
Sie haben gesiegt, ganz ohne Waffen.
Am nächsten Morgen brauchten sie nur noch einzusammeln, was die Soldaten liegen gelassen hatten. Das ist eine Menge gewesen.
Die Feinde sind auch nicht mehr zurückgekommen.
Nicht nach einer Woche, nicht nach zwei Wochen, nicht nach einem Monat.
Sie sind überhaupt nicht mehr zurückgekommen.
Da konnten die Leute endlich wieder ihre Höhlen verlassen, ihre Dörfer aufbauen und auf den Feldern Korn säen. Wie früher hatten sie wieder viele junge Esel und Schafe im Stall, die Hühner haben gegackert und Eier gelegt und vor den Häusern spielten wieder die Kinder.
Genau wie früher. Sie waren sehr froh.
Und überall sagten die Leute: „Es ist wahr, Gideon ist wirklich ein starker Held. Und klug ist er. Mit brennenden Fackeln und Kochtöpfen hat er die Feinde besiegt."
Und noch etwas sagten sie:
„Es ist gut, an Gott zu glauben.
Wenn er einem hilft, dann ist man stärker als alle anderen."

VIII.

Sprechmotetten

Die Erschaffung der Welt

Alle sprechen gemeinsam:
Und Gott hat gesehen: Alles war gut.

VorleserIn:
Vor ganz, ganz langer Zeit
hat Gott die Welt erschaffen.
Vorher war da nichts.
Nur ein Riesendurcheinander.
Und Dunkelheit.
Kohlrabenschwarze Dunkelheit.
Da hat Gott gesagt:
„Ich will, dass es eine Erde gibt.
Ja, das will ich.
Und einen Tag und eine Nacht.
In der Nacht ist es dunkel,
und am Tag ist es hell."
Genauso ist es passiert.
Genauso, wie Gott es gewollt hat.

Alle gemeinsam:
Und Gott hat gesehen, alles war gut.

Dann hat Gott gesagt:
„Ich will, dass Wasser auf der Erde ist.
Bäche und Flüsse und das blaue Meer.
Und oben am Himmel, da soll auch Wasser sein,
damit es auf die Erde regnen kann, wenn die Wolken
über den blauen Himmel ziehen."

Und Gott hat gesehen, alles war gut.

Am nächsten Tag haben die Inseln
aus dem Meer herausgeschaut.
Überall ist Land zu sehen gewesen.
Mit Bergen und Tälern und weiten Ebenen,
und dazwischen hat das blaue Meer geleuchtet.

Und Gott hat gesehen, alles war gut.

Dann hat Gott gesagt:
„Grün soll sie sein, die Erde.
Mit Wiesen voll Gras und Blumen
und Bäumen, die blühen
und Kirschen und Äpfel und Birnen tragen.

Und Gott hat gesehen, alles war gut.

Am vierten Tag ist die Sonne da gewesen.
Die hat die Erde hell und warm gemacht.
In der Nacht hat der Mond am Himmel geleuchtet.
Und die vielen tausend glitzernden Sterne.

Und Gott hat gesehen, alles war gut.

„Im Wasser sollen Fische schwimmen",
hat Gott am fünften Tag gesagt,
„und am Himmel müssen große und kleine
Vögel herumfliegen.
Ich will sie segnen und beschützen,
und sie sollen Junge bekommen."
Genauso ist es passiert.
Im Wasser hat es nur so gewimmelt
von großen und kleinen Fischen,
und die Vogeleltern haben ihren Jungen
Futter ins Nest gebracht.

Und Gott hat gesehen, alles war gut.

Am sechsten Tag hat Gott
alle Tiere auf dem Land erschaffen.
Die Hasen und die Frösche,
die Hunde und die Katzen,
die Pferde und die Elefanten.
Sogar die Löwen in der Wüste.

Das Allerschönste hat Gott sich aufgehoben
bis zum Schluss.
Da hat er nämlich die Menschen gemacht.
Einen Mann und eine Frau. Einen Vater und eine Mutter.
„Zusammen werden sie Kinder bekommen",
hat Gott gesagt,
„und die, die mag ich am allerliebsten.
Noch lieber als Sonne und Mond
und Pflanzen und Tiere."

Und Gott hat gesehen, alles war gut.

Dann ist der siebte Tag gekommen,
und Gott hat sich alles angeschaut
und sich gefreut
und sich ausgeruht.
Und gesagt: „Diesen Tag will ich segnen.
Er ist so schön."

Und die Menschen sollen das auch tun.
Einen Tag in der Woche
nichts tun, nur sich freuen
und spielen.
Und Gott danken
für die schöne Welt,
und dass wir am Leben sind.

Jakob muss fliehen

Die einzelnen Gruppen sprechen:
Fürchte dich nicht! (Gruppe 1)
Ich beschütze dich! (Gruppe 2)
Ich bin immer bei dir! (Gruppe 3)

VorleserIn:
Jakob ist ganz allein in der Wüste gewesen.
Es ist dunkel gewesen und er hat Angst gehabt.
Heimweh nach seiner Mutter hatte er auch.
Jakob hat sich schlecht gefühlt,
weil er etwas Böses getan hatte.
Seinem Bruder.
Der war jetzt wütend auf ihn.
„Den Jakob bring ich um!!!", hatte der Bruder geschrien.
Darum hatte Jakob jetzt Angst.
So allein in der Wüste.
Er wollte beten.
Es ist nicht gegangen.
Das ist immer so.
Wenn man etwas Schlimmes gemacht hat,
hat man Angst.
Und wenn man von zu Hause weggelaufen ist,
hat man noch mehr Angst.

Und dann, auf einmal, mitten in der Nacht,
hat Jakob die Stimme gehört.
Es ist die Stimme von Gott gewesen. **(Gruppe 1)**
Jakob hat gehört: **Fürchte dich nicht!**

„Ich soll mich nicht fürchten?
Ich bin mutterseelenallein!!! –
Ich fürchte mich doch!!! Und wie!"

Aber wieder hat die Stimme gesagt: **Fürchte dich nicht!** *(1)*

Und noch etwas hat Jakob gehört: **Ich beschütze dich!** *(2)*

Er hat das fast nicht glauben können.
„Ich habe was Schlimmes getan und
Gott beschützt mich trotzdem???
Bitte, Gott, wenn du das wirklich gesagt hast,
dann sag das noch einmal."

Und wieder war die Stimme da: **Fürchte dich nicht!** *(1)*
Ich beschütze dich! *(2)*

Da ist Jakob ein Stein vom Herzen gefallen.
„Danke, Gott", hat er gerufen.
Und dann hat er gesehen,
wie der Himmel hell wurde
und eine goldene Leiter
vom Himmel bis auf die Erde führte.
Bis dahin, wo Jakob saß.
Engel waren auch da.
Jakob ist glücklich gewesen.
Er hat keine Angst mehr gehabt.

Aber dann ist ihm eingefallen,
dass er am nächsten Tag weitergehen musste.
Ganz alleine.
„O je, dann kommen vielleicht Räuber oder Gangster oder wilde Tiere ..."

Aber die Stimme ist wieder da gewesen: **Ich bin immer bei dir!** *(3)*

„Stimmt das wirklich?
Bin ich unterwegs nicht alleine???"
Gott beruhigte ihn: **Ich bin immer bei dir!** *(3)*

Da war Jakob froh.
„Ich kann es kaum glauben, Herr", hat er gesagt,
„es ist so schön, was du gesagt hast.
Bitte, sag es noch einmal,
damit ich es nicht vergesse!"

Einen Augenblick ist es still gewesen,
die Sterne haben geglitzert,
dann ist die Stimme Gottes noch einmal
zu hören gewesen:

Fürchte dich nicht! *(1)*
Ich beschütze dich! *(2)*
Ich bin immer bei dir! *(3)*

Dann war es wieder dunkel und still.
Und Nacht.
Nacht in der Wüste.
Jakob hat seinen Kopf auf einen Stein gelegt
und gedacht: Wenn Gott bei mir ist,
muss ich keine Angst haben
und bin nicht alleine. Nie!
Denn er hat zu mir gesagt:

Fürchte dich nicht! *(1)*
Ich beschütze dich! *(2)*
Ich bin immer bei dir! *(3)*

Zu dir und mir sagt Gott das auch.
Wir sollten uns daran erinnern,
wenn wir Angst haben.

Gideon

Die einzelnen Gruppen sprechen:

Ein Engel ist kein Gespenst! (Gruppe 1)

Es gibt nur einen Gott! (Gruppe 2)

Mit Gott zusammen ist man stark! (Gruppe 3)

VorleserIn:

Gideon hat vor seiner Höhle gesessen.
Er ist traurig gewesen.
Und allein.
Da war da auf einmal der Engel unter dem Baum ...
„Au weh!", hat Gideon gerufen,
„ich glaube, ich sehe ein Gespenst!" **(Gruppe 1)**
Aber der Engel hat gesagt: **Ein Engel ist kein Gespenst!**

Dann hat Gideon den Altar gebaut.
Er hat Angst gehabt vor der Gestalt.
Zur Beruhigung hat er sich immer
wieder gesagt: **Ein Engel ist kein Gespenst!** *(1)*

„Oder vielleicht doch?... ... ...Nein!" **Ein Engel ist kein Gespenst!** *(1)*

Als dann der Blitz vom Himmel gekommen ist
und das Fleisch und das Brot verbrannt waren,
da hat Gideon es begriffen: **Ein Engel ist kein Gespenst!** *(1)*

Im Tal stand die riesige Götzenfigur.
„Das ist nur einer von unseren Göttern",
haben die Leute gesagt,
„wir haben noch ganz viele verschiedene!"

Aber Gideon, der hat gewusst: **Es gibt nur einen Gott!** *(2)*

Dieser Gott hat mit Gideon gesprochen:
„Nimm die Axt und schlag den Götzen
in tausend Stücke!"
Der ist kein Gott, denn: **Es gibt nur einen Gott!** *(2)*

Gideons Freunde waren sich nicht sicher.
„Vielleicht gibt's ja doch mehrere,
vielleicht zwei oder drei oder vier ..."
Aber das hat nicht gestimmt! **Es gibt nur einen Gott!** *(2)*

Wir, wir wissen das schon längst: **Ein Engel ist kein Gespenst!** *(1)*
Es gibt nur einen Gott! *(2)*

Und dann mussten Gideon und seine Freunde
gegen ganz viele Feinde kämpfen.
Sie hatten Angst.
Aber Gideon hat gewusst: **Mit Gott zusammen
ist man stark!** *(3)*

Viele denken, wenn man viele Waffen hat,
dann ist man stark.
Aber das stimmt nicht. **Mit Gott zusammen
ist man stark!** *(3)*

Und wenn man sich mal nicht traut? **Mit Gott zusammen
ist man stark!** *(3)*

Den feindlichen Soldaten
hat es nichts genützt,
dass sie viele Götter hatten, denn: **Es gibt nur einen Gott!** *(2)*

Wenn wir einen richtigen Engel
sehen würden,
dann wüssten wir sofort: **Ein Engel ist kein Gespenst!** *(1)*

Wir glauben auch nicht an viele Götter.
Wir wissen genau: **Es gibt nur einen Gott!** *(2)*

Wir haben auch manchmal Angst
und fühlen uns klein,
aber wir können uns dann erinnern: **Mit Gott zusammen
ist man stark!** *(3)*

David

Die einzelnen Gruppen sprechen:

Gott schaut das Herz an! (Gruppe 1)

Mit Gott zusammen sind die Schwachen stark! (Gruppe 2)

VorleserIn:

David hat sechs Brüder gehabt.
Die waren hübsch, klug, tüchtig, fleißig.
Isai, der Vater, hat sie sehr gern gehabt.
Er ist stolz gewesen auf seine Söhne.
David ist der Kleinste gewesen.
Er hat die Schafe gehütet.
Meistens war er schmutzig und barfuß.
Die größeren Brüder waren nie schmutzig
oder barfuß.

Da ist eines Tages Gottes Prophet gekommen.
Er sollte einen von Isais Söhnen
aussuchen und ihn zum König machen.
Zum König von Israel.

Da ist der Vater stolz gewesen.
Super! Einer von meinen Söhnen!!!
Die sind schön und tüchtig und klug,
sie sehen gut aus,
da könnte gut einer von ihnen König werden.

Er hat nicht daran gedacht,
dass bei Gott nicht wichtig ist,
wie einer aussieht, denn: **Gott schaut das Herz an!** *(1)*

Und siehe da, als der Prophet
vor den tollen Söhnen Isais stand,
da war es keiner von ihnen.
„Wieso nicht?“, hat Isai gefragt.
„Keine Ahnung. Hast du nicht vielleicht
noch einen Sohn?“
„Schon, aber der zählt nicht.
Der David, das ist noch ein Junge.
Der ist immer draußen, schmutzig
und barfuß.“

„Vergiss nicht“, hat der Prophet gesagt,
„auf das Äußere kommt es nicht an“,
denn: **Gott schaut das Herz an!** *(1)*

Da haben sie David von der Weide geholt.
Barfuß und schmutzig, mit seiner Hirtentasche
und seiner selbst geschnitzten Flöte.
„Der ist es!!!“, hat der Prophet gerufen,
„der wird einmal König von Israel!“
„Der David???“ ... „Ja!
Ich habe es dir schon ein paar Mal gesagt: **Gott schaut das Herz an!** *(1)*

„Ich, König?“, hat der kleine David
gerufen. „Niemals!“
„Das geht überhaupt nicht.
Ich bin noch ein Kind.
Ich bin gar nicht stark genug.“
„Das macht nichts“, hat der Prophet
gesagt: **Mit Gott zusammen
sind die Schwachen stark!** *(2)*

„Das war ein toller Satz",
hat David gesagt,
„sag ihn noch einmal!"
„Gerne!"

Mit Gott zusammen
sind die Schwachen stark! *(2)*

Daran hat David sich erinnert,
als er vor dem blöden Riesen stand,
vor dem Goliat.
Er hat mit seiner Steinschleuder
besser umgehen können
als der dämliche Riese mit seinem
riesigen Schwert
und der Rüstung und dem Helm.
David hat geschossen,
der Riese ist umgefallen
wie ein nasser Sack.
Und der Krieg ist zu Ende gewesen.
Da haben die Soldaten die Augen aufgerissen vor Staunen.
„Du hast den Riesen besiegt?"
Verächtlich haben sie gelacht
und David von oben bis unten angeschaut.
Wie du schon aussiehst! Igitt!
Ein Kind! Um Himmels willen! –
Nicht mal 'ne anständige Rüstung! –
„Na und?", hat David gesagt,
„schaut Gott vielleicht auf das Äußere
eines Menschen?"
„Nein!!!"

Gott schaut das Herz an! *(1)*

Und außerdem:

Mit Gott zusammen
sind die Schwachen stark! *(2)*

„Und deswegen habe ich den Goliat besiegt."

Es wäre gut, wenn wir uns auch
öfter daran erinnern würden.
An beide Sätze.

Weil sie so wichtig sind:

Gott schaut das Herz an! *(1)*
Mit Gott zusammen
sind die Schwachen stark! *(2)*